O PAI-NOSSO
NÃO DESPERDICEIS PALAVRAS

Carlo Maria Martini

O PAI-NOSSO

NÃO DESPERDICEIS PALAVRAS

TRADUÇÃO:
Padre Inácio Luiz Rhoden, SJ
Gabriel Frade

Título original:
Il Padre Nostro
© 2016 Edizioni San Paolo s.r.l.
Piazza Soncino 5 – 20092 Cinisello Balsamo (Milano) – ITALIA
www.edizionisanpaolo.it
ISBN 978-88-215-9775-6

Dados Internacionais de Catalogação na Publicação (CIP)
(Câmara Brasileira do Livro, SP, Brasil)

Martini, Carlo Maria, 1927-2012
  O Pai-Nosso : não desperdiceis palavras / Carlo Maria Martini ; tradução Inácio Luiz Rhoden, Gabriel Frade. -- São Paulo : Edições Loyola (Aneas), 2025. -- (Exercícios espirituais & discernimento)

Título original: Il Padre Nostro
ISBN 978-65-5504-438-6

1. Bíblia N.T. Evangelhos 2. Oração - Cristianismo 3. Pai Nosso 4. Pai Nosso - Meditações I. Título. II. Série.

25-256388   CDD-226.96

Índices para catálogo sistemático:
1. Pai Nosso : Oração : Cristianismo   226.96
Eliane de Freitas Leite - Bibliotecária - CRB 8/8415

Diretor geral: Eliomar Ribeiro, SJ
Editor: Gabriel Frade

Capa: Ronaldo Hideo Inoue
Diagramação: Sowai Tam
Preparação: Tarsila Doná

Capa montada sobre textura de © Rosy Creations (Adobe Stock).

Edições Loyola

Rua 1822 n° 341, Ipiranga
04216-000 São Paulo, SP
T 55 11 3385 8500/8501, 2063 4275
editorial@loyola.com.br, vendas@loyola.com.br
loyola.com.br, 🅵🅾️🅸🅾️ @edicoesloyola

Todos os direitos reservados. Nenhuma parte desta obra pode ser reproduzida ou transmitida por qualquer forma e/ou quaisquer meios (eletrônico ou mecânico, incluindo fotocópia e gravação) ou arquivada em qualquer sistema ou banco de dados sem permissão escrita da Editora.

ISBN 978-65-5504-438-6

© EDIÇÕES LOYOLA, São Paulo, Brasil, 2025

Sumário

Convite à leitura 9
Introdução 13

O fundamento (Homilia)
A Eucaristia no centro 21

I. Meditação
Os contextos evangélicos do pai-nosso 25
O pai-nosso no Evangelho de Lucas 25
O pai-nosso no Evangelho de Mateus 29
Algumas observações exegéticas 30
Indicações para a oração 31

II. Meditação
"Pai nosso que estais nos céus" 35
Pai-nosso e "Exercícios" Inacianos 36
Aquele a quem Jesus chama de Pai 37
Para a oração 43

Espírito e Palavra (Homilia)

A doçura no crer	47
O poder da Palavra	49

I. Meditação
"Santificado seja o vosso nome" 53

"'Santo' é o vosso nome"	54
Uma polivalência sugestiva de significados	55
Nossas atitudes	62

II. Meditação
"Perdoai as nossas ofensas assim como nós perdoamos a quem nos tem ofendido" 67

O contexto dos exercícios	67
Pedido de perdão	70
Perdão gratuito	71
Sermos perfeitos como o pai	73
Rezar na verdade	77

"Para isso fui enviado" (Homilia)

É Deus quem rega e faz crescer	81
Um ministério livre e corajoso	83

I. Meditação
"Não nos deixeis cair em tentação" 85

Pecado, desordem, mundanismo	85
Por que falar sobre a tentação?	87
Cinco tipos de tentações	88
Fugir das ocasiões	93

II. Meditação
"Mas livrai-nos do mal" 97

"Arranca-nos" da pecaminosidade	98
Os enganos do Maligno	102
Resistir ao Maligno	105

Confiança ilimitada na Palavra (Homilia)

Um testemunho pessoal 111
"Tudo é vosso" 113

I. Meditação
   "Venha o vosso reino" 115
   O que é o reino? 117
   Como fermento e semente 122
   A vinda do reino 122
   Na esperança e na paz 124

II. Meditação
    **"Seja feita a vossa vontade,
    assim na terra como no céu"** 125
    Premissa 127
    A vontade de Deus em Jesus e nos discípulos 129
    A vontade de Deus em nós 130
    Para que venha a Jerusalém celeste 136

Na liberdade do Espírito (Homilia)

Um modelo de pastor 141
A lei do amor 143
"O meu juiz é o Senhor" 144

I. Meditação
   "O pão nosso de cada dia nos dai hoje" 147
   Qual pão? 147
   Quem reza assim? 149
   Humildade, confiança filial, solidariedade 151

Conclusão 155

Convite à leitura

O tema deste volume é o pai-nosso, com o qual o arcebispo de Milão lida por ocasião de um curso de exercícios espirituais para sacerdotes. Como no caso de outros livros, a imediatez do contexto e as referências pontuais a circunstâncias vividas pelo pregador e pelos exercitantes tornam este texto, já publicado pela Portalupi em 2005, um tesouro de espontaneidade e de riqueza "ferial".

O cardeal oferece aos seus interlocutores uma série de reflexões sobre a oração ensinada por Jesus, nela captando, junto com Tertuliano, a "síntese de todo o Evangelho". Se é verdade que se trata de uma oração que todos sabem de cor, não se deve esquecer que o pai-nosso é "sempre novo, misterioso, polivalente", emblemático de uma riqueza que só Cristo poderia comunicar, havendo nele "uma correspondência, uma homologia perfeita entre o pai-nosso, o ensinamento evangélico e a vida de Jesus, Filho de Deus que morreu e ressuscitou por nós".

Isso se aplica antes de tudo ao "estilo" do pai-nosso: seguindo o exemplo do próprio Jesus, o que o distingue é o ocultar-se, a sobriedade das palavras, a perseverança e a confiança filial que não busca tanto a gratificação psicológica de "fazer uma bela oração", mas o abandono ao Espírito que "intercede pelos fiéis segundo os desígnios de Deus" (Rm 8,27).

Trata-se, de fato, de uma questão de confiança *filial*: e é precisamente o círculo virtuoso entre paternidade e filiação que é posto em jogo na oração ensinada por Cristo. Com uma condição precisa: ao ensinar-nos a dizer "Pai", Jesus não nos indicou simplesmente uma relação de ternura e de carinho com um Deus muitas vezes tido como distante, mas "envolve-nos na sua determinação de cumprir a vontade do Pai", de modo que, "ao dizermos essa palavra, colocamos em jogo a nossa vida e a nossa morte", fazemos dela o fator discriminador nas escolhas fundamentais da nossa existência, invocamos a sua força disruptiva na opção radical que orienta toda a nossa vida (2ª meditação).

A invocação com que se abre a oração adquire, portanto, uma nova luz, aquele "santificado seja o vosso nome" que implica a nossa participação para que todos engrandeçam a grandeza de Deus e das suas obras. Isso, porém, sem nunca esquecer que a primeira e fundamental forma de santificar o nome de Deus é através do louvor e da gratidão. A santificação do nome é, de fato, "sobretudo, obra de Deus", e cabe-nos antes de tudo "confiar-lhe o cuidado de sua glória". "Não somos nós que temos de 'inflá-la', é ele mesmo quem se ocupa disso, e nós pedimos que ele a manifeste" (3ª meditação).

Iluminados por essa glória, os cristãos assumem o desafio de se tornarem agentes ativos de reconciliação. As palavras de Martini sublinham com participação vivaz o ineditismo da petição do pai-nosso: não basta perdoar quem erra, é preciso dar o primeiro passo para que o outro não tenha nada contra nós. Invertendo as perspectivas, "perdoar as ofensas" significa entrar na misericórdia do Pai, amando como Cristo nos amou (4ª meditação). Da mesma forma, e de forma igualmente envolvente, "não nos deixeis cair em tentação" (5ª meditação) é também um compromisso de escapar das ocasiões da própria tentação (Martini enumera cinco tipos: sedução, contradição, ilusão, silêncio de Deus e insignificância de Jesus). É aquele compromisso de "resistir ao Maligno" que nos abre à consolação do Espírito e desmascara os enganos do Adversário, sua sedução, seu entristecer, assustar e esconder com persuasões astutas e obscuras (6ª meditação).

O cardeal propõe então uma reflexão sobre o que para muitos é a invocação central do pai-nosso. Com as palavras "venha a nós o vosso reino", os cristãos não imploram a restauração *de iure* de uma ordem estabelecida, mas comprometem-se a realizá-la de forma dinâmica. Para isso contribuem todas as invocações comentadas anteriormente: a santificação do nome de Deus, o perdão das ofensas, a fuga da tentação, a resistência ao mal. Tudo converge para a invocação do reino, "uma realidade que não é rotulada de uma forma fácil, mas *é vivida no seguimento de Jesus, dia após dia*, e confiando nas palavras do seu Evangelho. Uma realidade que se vive colocando-se no seguimento daquele Jesus que desde o início de sua missão pública, no Jordão, se humilha ao se colocar na fila entre os pecadores, declarando assim que deseja proclamar o reino na humildade, no escondimento, no desprezo pelos privilégios".

Esse reino não pode ser conquistado, mas apenas pedido: "É Deus quem realiza o reino, é ele quem penetra nos corações e os cativa; é ele, com a graça do Espírito Santo, que toma posse das almas e as transforma na imagem de Jesus. Em outras palavras, o *reino é Jesus*, é a sua vida, o seu modo de viver, amar, sofrer" (7ª meditação).

Amando, acreditando, esperando como Cristo, a voz unânime da Igreja implora que o reino venha no cumprimento da vontade de Deus (8ª meditação). Vivendo como Cristo, cada homem pode fazer do seu sim um assentimento credível ao fogo do Amor que se espalha pelo mundo, gerando filhos para o Pai que está nos céus.

Giuseppe Mazza

Introdução

Em primeiro lugar, gostaria de agradecer ao Senhor por mais uma vez permitir realizar um curso de exercícios espirituais. É para mim realmente um grande presente encontrar cada um de vocês, encontrar os vossos caminhos espirituais e caminhar um pouco junto com vocês. Cada vez que dou os exercícios, vem-me à mente a palavra de Paulo no início da Carta aos Romanos, no trecho em que diz: "Com efeito, tenho um desejo muito ardente de vos ver, a fim de vos comunicar algum dom espiritual, para que por ele sejais confirmados, ou melhor, *para ser eu reconfortado convosco e no meio de vós pela fé que nos é comum a vós e a mim*" (Rm 1,11-12). Este caminho comum de fé também é uma ajuda também para mim.

É útil relembrar, no início de uma nova experiência, o que são os exercícios *espirituais*. Na verdade, os exercícios frequentemente são chamados de semanas bíblicas, atualizações catequéticas, reflexões ascéticas ou ainda exercícios de oração.

Coisas ótimas que são muito úteis e que também se usam nos exercícios propriamente ditos. Mas o que eu penso que seja o cerne da questão é que os exercícios são um *ministério do Espírito*, um pôr-se à escuta do Espírito para que nos ajude a conhecer a vontade de Deus no hoje, para abraçá-la e realizá-la com alegria e confiança.

O Espírito, aliás, não nos deixa imobilizados, sempre nos faz dançar e nos liberta dos nossos movimentos rígidos.

É necessário, portanto, criar as condições ideais para que, na abertura ao Espírito, a Palavra diga a mim, e a mim somente, o que quer de mim agora, neste ano, com esta saúde, nestas relações, com estes superiores, nessas dificuldades e descontentamentos, com estes contextos espirituais, sociais e políticos.

Dessa forma, podemos falar também de *ministério do imediato*. Como explica muito bem o teólogo Karl Rahner, Deus trabalha imediatamente em mim e fala ao meu coração, procura o contato imediato com a alma de cada um para pedir a cada um uma coisa que ele não pediria a nenhum outro.

No desejo de ajudar-vos a entrar nestes dias com as adequadas disposições, sugiro-vos responder, talvez por escrito, a duas questões.

A primeira: como eu cheguei para os exercícios? A cada ano chegamos de maneira diferente: uma hora cansados, talvez chateados, perturbados, com repugnância; outra hora, estamos dispostos a fazê-los de boa vontade, ou ainda nos encontramos cheios de distrações, de amarguras, de preocupações, de ressentimentos; ou mesmo começamos os exercícios com o desejo de focar um tema particular que pesa sobre nós. É muito útil tomar consciência do seu próprio estado de ânimo.

A segunda pergunta é: como eu gostaria de sair dos exercícios? O que, acima de tudo, eu gostaria de pedir como graça para sair dos exercícios contente?

Nestes dias, também podemos nos edificar mutuamente, vivendo alguns momentos de comunicação na fé, durante os quais quem quiser poderá expressar com simplicidade o que, naquilo que escutou e meditou, mais o impressionou e que pode ajudar também aos outros.

Cada um também pode comunicar-se pessoalmente comigo, num colóquio ou escrevendo um pensamento, uma sugestão ou ainda uma reflexão.

De minha parte, o trabalho é muito simples: vou sugerir algumas páginas da Palavra de Deus, pensamentos bíblicos, não porque sejam o tema dos exercícios (que é justamente a busca pela obediência ao Espírito Santo), mas são como o cenário. E desta vez fui inspirado a escolher o pai-nosso como pano de fundo bíblico. Seria natural dizer: mas já o sabemos de cor, o recitamos infinitas vezes! É verdade, porém ele sempre reserva surpresas; é toda vez novo, misterioso, polivalente, e, muitas vezes, não chegamos a captar todas as suas riquezas. Podemos também considerar o pai-nosso uma síntese do Evangelho. Não é por acaso que Tertuliano o chamou de *breviarium totius Evangelii*. É uma definição que me atrai e que meu grande e inesquecível pai espiritual Michel Ledrus[1], falecido há muitos anos, dava como título a um de seus livrinhos: *O pai-nosso, oração evangélica*[2]. De fato, é uma oração que resume todo o Evangelho; e, se o entendemos bem, percebemos que só Jesus podia dizer o pai-nosso e somente ele poderia ensiná-lo. Porque há uma correspondência, uma homologia perfeita entre o pai-nosso, o ensinamento evangélico e a vida de Jesus, Filho de Deus que morreu e ressuscitou por nós.

Farei uma breve exposição de alguns temas para reflexão sobre o pai-nosso, supondo a exegese que é própria dos livros científicos. Na coleção dos comentários americanos sobre esta oração, que tem como título *Ermeneia*, são dedicadas centenas de páginas muito densas a esse texto, com dezenas de páginas de bibliografia. Não faremos uma exegese aqui, mas em todo caso devemos ter em mente que no pai-nosso haveria material para um curso de um ano inteiro.

---

1. Padre Michel Ledrus (1899-1983) foi um jesuíta belga e trabalhou em Roma como professor de teologia missionária e, posteriormente, como professor de teologia espiritual. Foi diretor espiritual e era muito estimado, chegando a orientar o próprio Cardeal Martini (N. do E.).
2. Ledrus, M. *Il Padre nostro preghiera evangelica*, Roma, Borla, 1981. [Trad. bras.: *O pai-nosso oração evangélica*, São Paulo, Loyola, 1985 (N. do T.)].

Neste ponto, vem à mente o testemunho das experiências que os próprios santos nos deixaram. Estou pensando, por exemplo, nas vibrantes exclamações com as quais Santa Teresa de Ávila, no seu *Caminho de perfeição*, introduz o comentário às primeiras palavras da oração: "Pai nosso que estais nos céus!... Fazeis favor tão grande que seria justo absorvermos nele o intelecto para ocupar a vontade de tal maneira que não se pudesse pronunciar uma única palavra... Como seria bom falar aqui da contemplação perfeita. Com quanta razão a alma entraria em si para melhor elevar-se acima de si mesma, para aí escutar desse santo Filho palavras sobre o lugar onde ele diz que está o seu Pai, que é no céu!" (*Caminho de perfeição*, 27, 1).

E novamente é bom lembrar o que dizia Santa Teresa do Menino Jesus quando contava o que lhe sugeria a oração de Jesus: "Às vezes, quando o meu espírito está tão árido que é impossível para mim expressar algum pensamento para unir-me ao bom Deus, eu recito muito devagar um pai-nosso e depois a saudação angélica; então essas orações me raptam, alimentam a minha alma muito mais do que se eu as tivesse recitado apressadamente uma centena de vezes" (*Manuscrito C*, 318). Isso era para ela o pai-nosso.

E o testemunho de uma sua coirmã atesta: "A sua união com Deus era contínua. Ela rezava incansavelmente. Um dia a encontrei em sua cela. Ela costurava com grande velocidade e ainda assim parecia recolhida, então que eu lhe perguntei o motivo. 'Eu recito o *Pater*', ela me disse. 'É tão lindo dizer o pai-nosso', e algumas lágrimas brilhavam em seus olhos."

Este é o nosso desejo: penetrar no coração, no espírito da oração ensinada por Jesus.

Senhor Jesus, tu nos vês aqui diante de ti com o desejo de rezar mais intensamente nestes dias. Mas, como em tantas outras vezes, nós dirigimos a ti o pedido: Ensina-nos a rezar!

A experiência da nossa vida nos mostra, ano após ano, que não sabemos como rezar, que temos necessidade de aprender continuamente a justa atitude da oração. Por isso te pedimos que nos concedas o teu Espírito. *Gostaríamos que tu nos ensinasses a rezar como ensinaste a Santo Inácio de Loyola, a São Pedro, a São Paulo, a Santa Teresa de Ávila, a Santa Teresa de Lisieux e a todos os teus santos. Gostaríamos de viver o pai-nosso como tu o viveste. Deixa-nos sentir o teu apoio, o teu conforto, e que, com a tua graça, possamos perseverar nestes dias na oração.*

Maria, Mãe da piedade, Rainha da oração, padroeira da vida interior, rogai por nós.

O FUNDAMENTO

(Homilia)

A Eucaristia no centro

A Eucaristia será o centro de todo o nosso trabalho todos os dias, porque é o Senhor Jesus quem nos constrói e vem ao nosso encontro na fração do pão, é o Espírito que nos toca imediatamente para mudar o nosso coração, para fazê-lo conhecer a vontade de Deus, para nos enriquecer com o dom do discernimento.

"Irmãos, vós sois o edifício de Deus. Segundo a graça de Deus que me foi dada, como um sábio arquiteto lancei os fundamentos; outro então constrói sobre ele. Mas que cada um esteja atento ao modo como constrói. Na verdade, ninguém pode lançar um fundamento diverso daquele que já existe, que é Jesus Cristo.

Não sabeis que sois o templo de Deus e que o Espírito de Deus habita em vós? Se alguém destruir o templo de Deus, Deus o destruirá. Porque santo é o templo de Deus, que sois vós" (1Cor 3,9-11.16-17).

"Naquele tempo, tendo chegado Jesus à região de Cesareia de Filipe, perguntou aos seus discípulos: 'Quem dizem as pessoas que é o Filho do homem?'.

Eles responderam: 'Algumas, João Batista, outras, Elias, outras, Jeremias ou algum dos profetas'.

Ele lhes disse: 'E vós, quem dizeis que eu sou?'.
Simão Pedro respondeu: 'Tu és o Cristo, o Filho do Deus vivo'.
E Jesus disse: 'Bem-aventurado és tu, Simão, filho de Jonas, porque nem a carne nem o sangue te revelaram isso, mas meu Pai que está nos céus. E eu te digo: Tu és Pedro, e sobre esta pedra edificarei a minha Igreja, e as portas do inferno não prevalecerão contra ela. Eu te darei as chaves do reino dos céus, e tudo o que ligares na terra será ligado nos céus, e tudo o que desligares na terra será desligado nos céus'" (Mt 16,13-19).

Nas leituras da liturgia de hoje encontramos um vocábulo significativo – iremos vê-lo nos próximos dias – para os *Exercícios Espirituais* de Santo Inácio de Loyola, e é a palavra *fundamento*: "Ninguém pode lançar um fundamento diverso daquele que já existe, que é Jesus Cristo". E ainda no Evangelho: "Tu és Pedro, e sobre esta pedra edificarei a minha Igreja".

Portanto, a vida cristã tem um fundamento: objetivamente é Jesus e subjetivamente é a fé nele. Tudo o que dizemos ou vivemos nestes dias derivará deste fundamento que, por sua vez, faz parte de outro ainda mais amplo: o Mistério de Deus Criador, Senhor, amigo do homem. Dessas verdades fundamentais deriva todo o resto.

O fundamento que parte de Deus, Trindade, Amor, Ser perfeitíssimo e misericordioso, revelado em Jesus, expressa-se então em nós por meio da obediência, no acolhimento do Mistério e na procura do que ele quer de nós. É a síntese dos exercícios. Tudo parte do reconhecimento de Deus Criador, Senhor, Redentor, que em Jesus se torna próximo de nós e nos quer consigo na plenitude da vida. Na oração e na adoração cotidiana voltaremos a Jesus e lhe pediremos que nos sustente, que nos alimente, que seja para nós ponto de referência e apoio.

Esse fundamento é então concretizado no tempo e no espaço pelas igrejas catedrais – como aquela em que estamos celebrando –, que são o lugar onde ele é proclamado e tornado visível.

Cada um de nós pode, portanto, pensar em sua igreja catedral, em sua diocese e, em qualquer caso, naquela realidade da Igreja mediante a qual fomos enxertados em Jesus Cristo. Só neste contexto encontramos a nossa verdade, a nossa plenitude. Somos, portanto, convidados nesta celebração a rezar por todas as Igrejas do mundo, porque nelas se revela o mistério do amor de Deus. E gosto de recordar, pensando na Igreja ambrosiana, que hoje celebra 50 anos da morte do bem-aventurado Arcebispo Alfredo Ildefonso Schuster, que foi uma figura importante para a Igreja de Milão e para toda a Igreja de Deus.

Peçamos a graça de permanecermos sempre ancorados à Igreja local, em comunhão com o papa, para que todos os nossos movimentos e ações não sejam em vão, mas repousem sobre uma rocha, para que tudo o que fizermos nestes dias não seja outra coisa senão uma consequência do nosso ser Igreja.

É claro que durante o nosso retiro teremos que tratar de nós mesmos, da nossa ascesc, da vontade de Deus para nós, mas isso sempre no âmbito e no contexto da Igreja visível. Santo Inácio, quando fala de escolhas concretas nos *Exercícios*, diz sempre: "No âmbito da Igreja visível". É nesse horizonte que encontramos a nossa verdade, a certeza de que o nosso caminho agrada a Deus.

Rezemos então para que este caminho seja conduzido na verdade, na objetividade, na adesão à Igreja, a tudo o que ela proclama e continuamente, na sua solicitude por nós, nos propõe.

E renovemos o desejo de servi-la, a essa Igreja, com desinteresse, com dedicação, com fidelidade e com lealdade. Só assim encontraremos Cristo e entraremos naquela relação imediata com Deus que ele quer estabelecer conosco nestes dias.

I
MEDITAÇÃO
Os contextos evangélicos do pai-nosso

A primeira meditação que proponho a vocês será bastante curta, eu diria introdutória e um pouco exegética, formal, embora permaneça válido o que já dissemos. Irei dividi-la em três partes. Uma primeira parte de *lectio*, em que nos deteremos nos versículos de Lucas 11 e de Mateus 6 referentes ao pai-nosso. Em seguida, uma segunda parte de *meditatio*, em que irei propor algumas reflexões sintéticas sobre os contextos do pai-nosso, na ocasião em que este é ensinado. Para concluir com uma *contemplatio*, em que gostaria de focar sobre quais atitudes são sugeridas para nós nestes dias pelas passagens do Evangelho.

Sabemos que os Evangelhos nos quais o pai-nosso é relatado são dois. E é algo a admirar, porque gostaríamos que fossem três, gostaríamos que também em Marcos houvesse o pai-nosso. Os exegetas discutem se Marcos não o relatou porque não o conhecia ou porque ele não estaria preocupado em transmitir todas as palavras de Jesus.

O pai-nosso no Evangelho de Lucas

Leiamos primeiro Lucas 11. O contexto em que o pai-nosso é ensinado se situa durante a viagem de Jesus a Jerusalém que começa em 9,51, portanto já bastante avançado no que diz respeito à sua biografia. Lembremo-nos de que em Jerusalém existe uma tradição, atestada na basílica do *Pater noster*, segundo a qual a oração teria sido ensinada lá, sobre o Monte das Oliveiras, já próximo do fim da vida de Jesus. Em todo caso, para Lucas o ensinamento do painosso é tardio.

– "*Um dia Jesus estava num lugar rezando*" (11,1a). Isso aconteceu muitas vezes na vida de Jesus: por exemplo, na noite precedente à escolha dos doze apóstolos (cf. Lc 6,12); na noite seguinte à multiplicação dos pães, sempre perto do lago ("Subiu na montanha, sozinho, para rezar", Mt 14,23); na manhã do início do seu ministério em Cafarnaum, quando ele se levanta cedo e vai para um lugar isolado para rezar ("De madrugada, se levantou quando ainda estava bem escuro, e, tendo saído de casa, ele se retirou a um lugar deserto e lá rezava", Mc 1,35); no Getsêmani, no Monte Tabor e em outras circunstâncias ainda.

– E, justamente numa dessas ocasiões, "*quando ele* havia terminado" – ninguém quis interrompê-lo, ao vê-lo muito recolhido e concentrado –, "*um dos discípulos disse-lhe: 'Senhor, ensina-nos a orar'*" (11,1b). É interessante que o pedido seja feito por *um* dos discípulos, não por todos e não por um discípulo qualificado como Pedro ou Tiago ou João. Ele expressa o desejo comum, que os outros não ousaram manifestar.

– E continua: "*Como João ensinou também aos seus discípulos*" (11,1c). Não sabemos nada sobre a oração ensinada pelo Batista aos seus discípulos, mas é provável que ele, como aconteceu na comunidade de Qumran, desse indicações sobre isso. Aqui, no entanto, se supõe que o Batista ensinava a rezar.

Não é fácil entender o que o discípulo estava realmente perguntando. Poderíamos nos dirigir a ele e perguntar: explique-nos o que você queria. Você queria que Jesus lhe ensinasse com qual *conteúdo* se deve rezar? Isso seria deduzível da resposta; e, ainda assim, nos surpreende, uma vez que, em relação a conteúdo, os judeus já tinham tantos modelos: basta pensar na imensa riqueza dos salmos. Ou, então, a pergunta que você fez era sobre o *modo* de rezar; aquele modo que Jesus indica em Mateus 6,6: "Quando rezares, entra no teu quarto e, tendo fechado a porta, reza ao teu Pai que está ali, no segredo"? Foi, portanto, sobre a atitude *externa*: de joelhos, com os olhos fechados, em um lugar isolado? Ou era sobre a *atitude interior*, que Lucas amplamente desenvolveu quando ele recomenda perseverança na oração (11,5-8) e afirma: "Pedi e vos será dado; buscai e encontrareis" (v. 9)?

Qual das três hipóteses interpreta a pergunta do discípulo? Provavelmente todas as três. Em todo caso, Jesus toma essa pergunta como que referida ao conteúdo.

– "E ele lhes disse: 'Quando orardes, dizei: Pai, seja santificado o teu nome; / venha o teu reino; / dá-nos, a cada dia, o pão nosso cotidiano, / e perdoa-nos os nossos pecados, pois nós também perdoamos a todo aquele que nos deve; e não nos introduzas na tentação'" (11,2-4).

A instrução é em seguida prolongada, fazendo referência à atitude interior com a qual rezar, algo bastante amplo, ao passo que a oração é em si muito curta – três versículos, cinco petições expressas de modo lapidar.

Tentemos entender as palavras de Jesus.

– Ele começa com um exemplo concreto: "E Jesus acrescentou: 'Se um de vós tem um amigo e, à meia-noite, vai até ele, dizendo: 'Amigo, empresta-me três pães, pois um amigo meu chegou de viagem e nada tenho para lhe oferecer'. Se o outro responde lá de dentro: 'Não me incomodes. A porta já está trancada. Meus filhos e eu já estamos deitados, não posso me levantar para te dar os pães'. Digo-vos: mesmo que não se levante para dá-los pela amizade, vai levantar-se por causa de sua insistência e lhe dará quanto for necessário'" (11,5-8). É um exemplo concreto mais longo do que o pai-nosso.

Jesus passa então à exortação direta e tripla: "Portanto, eu vos digo: pedi e vos será dado; buscai e encontrareis; batei à porta e ela vos será aberta. Pois todo aquele que pede recebe; quem procura encontra; e, a quem bate, a porta será aberta" (11,9-10).

E ainda um exemplo muito incisivo: "Qual de vós é o pai que daria uma serpente a um filho que lhe pede peixe? Ou, ainda, se lhe pedir um ovo, lhe dará um escorpião?" (11,11-12).

Por fim, a conclusão: "Ora, se vós, que sois maus, sabeis dar coisas boas aos vossos filhos, quanto mais o vosso Pai do céu dará o Espírito Santo aos que lhe pedirem!" (11,13). É interessante que nenhuma das petições do pai-nosso seja retomada, mas se fala do Espírito Santo. Talvez por isso uma variante de manuscritos muito antigos acrescente, após o pedido de pão cotidiano: "O teu Espírito Santo desça sobre nós e nos purifique".

Jesus parte de um contexto concreto, de sua oração, e responde a uma pergunta, primeiro com um conteúdo e, em seguida, explicando longamente as atitudes de perseverança incansável na oração. Atitudes de perseverança que também serão adotadas em outro lugar no Evangelho segundo Lucas, como na parábola do juiz injusto e da viúva que importuna: "Jesus contou-lhes uma parábola sobre a necessidade de rezar sempre, sem esmorecer: 'Numa cidade havia um juiz que não temia a Deus e que não respeitava a ninguém. Na mesma cidade havia também uma viúva, que vinha ter com ele e lhe dizia: 'Faze-me justiça contra o meu adversário!'. Por um certo tempo, ele se recusou. Por fim, ele pensou: 'Ainda que eu não tema a Deus e não respeite ninguém, esta viúva é tão importuna que vou fazer-lhe justiça, para que ela não venha, para que ela não venha continuamente a me aborrecer!'. E o Senhor acrescentou: 'Ouvistes o que diz esse juiz iníquo. E Deus não fará justiça aos seus escolhidos, que dia e noite gritam por ele? Será que vai fazê-los esperar? Eu vos digo que Deus lhes fará justiça bem depressa. Mas o Filho do Homem, quando vier, encontrará a fé sobre a terra?'" (18,1-8). É essa a atitude cuja importância Jesus enfatiza.

O pai-nosso no Evangelho de Mateus

O contexto mateano do pai-nosso está localizado dentro da estrutura do Sermão da Montanha, que inclui os capítulos 5 a 7 do Evangelho.

Após as antíteses do capítulo 5, Jesus passa, no capítulo 6, a descrever três atos de culto e de religião: esmola, oração e jejum. De cada um, insiste que eles não devem ser feitos para serem vistos pelos homens. Em tal contexto, no que diz respeito ao segundo ato de adoração, está inserido o pai-nosso.

– Também nesse caso, a descrição é muito ampla. Inicialmente Jesus estigmatiza a oração, por assim dizer, dos religiosos hipócritas de seu povo: "Quando orardes, não sejais como os hipócritas, que gostam de rezar de pé nas sinagogas e nas esquinas das praças, para serem vistos pelos outros". Segue o julgamento negativo: "Em verdade vos digo: já receberam a sua recompensa" (6,5). Como a dizer: o que eles fizeram não serve para nada.

Em um segundo momento, ele destaca a atitude positiva: "Tu, porém, quando rezares, entra no teu quarto, fecha a porta e *reza ao teu Pai que está ali no segredo*. E o teu Pai, que vê no segredo, te dará a recompensa" (6,6). É uma instrução que se refere primeiramente à atitude externa e, em seguida, interna, da oração: no silêncio, no recolhimento, no oculto.

– Ele então retoma a exortação referindo-se aos pagãos: "Quando orardes, *não desperdiceis palavras*, como fazem os pagãos, os quais creem que serão ouvidos por força das muitas palavras" (6,7). Ele faz provavelmente um aceno às invocações monótonas feitas nos templos que eram recitadas sem parar. Lembro-me de ver em alguma peça ou em algum filme, e também visitando mosteiros ou templos orientais, a roda de oração que é girada continuamente, para que a invocação seja sempre repetida diante de Deus.

"Não sejais como eles, pois o vosso Pai sabe do que precisais, antes de vós o pedirdes" (Mt 6,8). É, portanto, criticada aquela oração que pretende dar a conhecer a Deus aquilo de que precisamos. Percebemos que existe certa tensão com respeito à passagem de Lucas que afirmava: insisti na oração. Jesus admoesta: não penseis que a vossa insistência seja mágica.

– Precisamente nesse contexto, o pai-nosso ensina: "*Vós, portanto, rezai assim*: Pai nosso que estás nos céus, / santificado seja o teu nome; / venha o teu reino; / seja feita a tua vontade, / como no céu, assim também na terra. / O pão nosso de cada dia dá-nos hoje. / Perdoa as nossas dívidas, assim como nós perdoamos aos nossos devedores. / E não nos introduzas na tentação, / mas livra-nos do Maligno" (6,9-13). Oração mais longa do que a de Lucas, que inclui duas petições mais três; em Mateus são três mais três e até mesmo, de acordo com alguns, se se calcula a última desdobrando-a, são três mais quatro, ou seja, sete.

Jesus continua parafraseando a penúltima petição: "De fato, se vós perdoardes aos outros as suas faltas, vosso Pai que está nos céus também vos perdoará. Mas, se vós não perdoardes aos outros, vosso Pai também não perdoará as vossas faltas" (Mt 6,14-15).

Algumas observações exegéticas

Passando para o momento da *meditatio*, podemos nos perguntar: qual dos dois contextos é o mais original? Qual das duas fórmulas é a mais antiga?

– Os exegetas acreditam – acho que com boas razões – que *o contexto de Lucas é o mais antigo*: não estamos no início da atividade pública, num primeiro discurso programático, mas talvez já um pouco à frente no ministério. E é uma ocasião concreta, uma oração de Jesus, imersa numa experiência vívida. Em Mateus, ao contrário, o ensinamento parece inserido em um discurso: "Não desperdiceis palavras... Mas falai assim..." (cf. 6,7-9).

Portanto, consideramos o contexto de Lucas como o mais provável, mesmo que essa questão não perturbe muito a exegese.

Também houve discussão sobre a antiguidade da fórmula: é mais antiga a fórmula curta ou a fórmula longa?

Hoje parece haver acordo com uma espécie de compromisso: *é mais antiga a fórmula curta de Lucas*, mas *a fórmula de Mateus é a mais original*; Mateus possui palavras mais arcaicas, Lucas tem o conteúdo mais antigo.

Usaremos ambas as fórmulas; pareceu-me, entretanto, útil introduzir vocês no conjunto da pesquisa.

– Os exegetas também notam que a oração em Lucas é a terceira de três perícopes sucessivas: a parábola do samaritano – a caridade – (10,29-37); o diálogo com Marta e Maria – a escuta da Palavra – (10,38-42); a oração do pai-nosso (11,1-4). Quase como que colocando em evidência que a caridade, a escuta da Palavra e a oração são inseparáveis.

– Há também uma peculiaridade interessante no pai-nosso de Mateus. Uma análise cuidadosa mostra de fato que o pai-nosso está exatamente no centro do Sermão da Montanha.

É um ensinamento para nós, porque somos advertidos de que o Sermão da Montanha só pode ser vivido por aquele que reza.

Indicações para a oração

Como conclusão, eu sugiro a vocês algum empenho na oração pessoal.

Todos nós, assim como o discípulo anônimo, já dissemos muitas vezes: "Senhor, ensina-nos a rezar!". O que estávamos pedindo?

– Acho que muitas pessoas, quando fazem esse pedido, não raramente desejam, em primeiro lugar, alcançar essa unidade interior, um recolhimento, um domínio de si, aquela alegria de sentir-se bem, no controle, que é característica de uma oração profunda. Trata-se de atitudes positivas e úteis, mas ainda estamos no âmbito de uma *oração psicológica*, voltada a obter alguns benefícios: aprender a estar calmo, tranquilo, recolhido, pacificado, coordenado, sem um rodopio de pensamentos que giram na cabeça. Na verdade, aqueles que se dedicam a práticas de ioga ou zen aprendem coisas semelhantes: o recolhimento, o esquecimento de tudo, o afastamento do mundo externo, a concentração em um único ponto, talvez no nada, a eliminação de todo pensamento para viver na calmaria mais absoluta.

Talvez nós também precisemos de tais atitudes para orar bem. É preciso um mínimo de concentração e unidade, justamente porque a oração também é saúde psicológica.

– No entanto, queremos pedir a Jesus que nos ensine a rezar no Espírito; que sobretudo nos ensine sobre a disposição interior e sobre quais sejam os pedidos a apresentar.

Muitas vezes, quando começo a oração, eu abro o texto da Carta aos Romanos, no trecho em que se diz que nem sabemos o que é conveniente pedir (Rm 8,26a), e digo: Senhor, vê que eu não sei rezar. Mas tu prometeste o Espírito para ajudar minha fraqueza, e o Espírito intercede por mim "com gemidos inefáveis; e aquele que perscruta os corações sabe quais são os desejos do Espírito, pois ele intercede pelos que creem conforme os desígnios de Deus" (Rm 8,26b-27).

Então, para mim, para nós, aprender a rezar significa aprender a confiar no Espírito que nos move a recitar o pai-nosso, até alcançarmos aquele belo estado de ânimo sobre o qual tenho meditado muitas vezes, em vários momentos da minha vida: "Não vos preocupeis sobre o que ou como devereis falar, pois vos será sugerido naquele momento o que devereis dizer: com efeito, não sois vós que falareis, mas o Espírito de vosso Pai que falará em vós" (Mt 10,19-20).

– Além dessa disposição fundamental de abandono ao Espírito, para a jornada dos exercícios, gostaria de sugerir outra disposição que Jesus destacou.

Vimos que ele destacou principalmente quatro disposições: o *escondimento*, a *sobriedade de palavras*, a *perseverança* e a *confiança filial*.

Rezando diante de Deus, cada um pode escolher qual dessas atitudes lhe será mais necessária.

A confiança filial é certamente necessária: o Pai não me deixará sentir a falta do pão de cada dia quando eu lhe peço.

É igualmente necessária a perseverança: nestes dias em que experimentaremos cansaço, calor, sono, nervosismo, aridez, concede-nos, Senhor, perseverar!

E, claro, precisamos nos esconder, porque os exercícios são a oração oculta por excelência, desconhecida para o mundo e conhecida apenas por Deus.

Precisamos também de certa sobriedade, que não consiste tanto em rezar pouco, mas no aprender uma oração distendida, não nervosa, não tentando forçar Deus, mas que se confia amavelmente a ele.

II
MEDITAÇÃO

"Pai nosso que estais nos céus"

Assim começa o volume já citado de Padre Ledrus: "O pai-nosso representa o ponto de convergência de todas as linhas da doutrina evangélica. Cada pedido representa um mundo de considerações; por detrás de cada um deles é possível alinhar uma série de textos do Novo Testamento e do Antigo Testamento, descobrindo assim as dimensões essenciais que articulam toda a mensagem evangélica. [...] Temos, portanto, na oração do Senhor, um tratado completo sobre a vida espiritual, arranjado pelo próprio Senhor: nunca poderemos aprofundá-lo suficientemente" (op. cit., 8).

Pessoalmente, sinto-me muito desigual diante até mesmo da tentativa de somente deliberar sobre algum significado da oração que nos foi ensinada por Jesus. E por isso me uno a vocês dizendo:

Ó Deus, nosso Pai, nós te conhecemos somente porque teu Filho Jesus nos deu a conhecer o teu nome de Pai. Nós não sabemos explicar seu significado profundo, mas tu nos dás o presente de viver essa experiência dia após dia. Permite-nos, se desejares, vivê-la com a mente, e não simplesmente com o coração, para entrar no pensamento e no coração do teu Filho Jesus Cristo, que vive e reina contigo na unidade do Espírito Santo, por todos os séculos dos séculos.

Pai-nosso e "Exercícios" Inacianos

Colocamo-nos, assim, perante o mistério do pai-nosso. Claro que não pretendo expô-lo exegeticamente, como já disse; desejo me concentrar mais em alguns aspectos do espírito dos *Exercícios Espirituais* de Santo Inácio, ou seja, tendo em mente a dinâmica que lhes é própria.

É uma dinâmica que se desenvolve em etapas, desdobrando-se em quatro semanas, e inclui alguns momentos fortes, que ajudam a entender o que significa seguir Jesus, de modo tal a possibilitar fazer escolhas conforme o Evangelho.

Neste espírito, queremos refletir sobre o pai-nosso, buscando o significado de cada palavra, de cada petição, considerando o pai-nosso no quadro de um caminho de busca da vontade de Deus.

Porque os exercícios – já o recordamos – são um ministério do Espírito e permitem perceber o que o Senhor pede, sugere e ordena a cada um de nós.

O livrinho de Santo Inácio começa com uma página chamada *Princípio e fundamento*, que deseja estabelecer algumas coordenadas ao longo das quais se deve proceder em busca da vontade de Deus. Para Inácio, *princípio e fundamento* é a soberania absoluta de Deus Criador de todas as coisas às quais o ser humano é obrigado a prestar louvor e serviço; e cada um é chamado a escolher o que mais o coloca na linha do serviço a Deus Criador e Senhor. Em resumo, este é o *princípio e fundamento* dos *Exercícios*.

Perguntamo-nos se também no pai-nosso existe um *princípio e fundamento*, e a resposta é certamente afirmativa. Toda a primeira parte da oração constitui o princípio e fundamento da cotidianidade da vida cristã, que se expressa nas últimas quatro petições. No entanto, gostaria de me dedicar especialmente, nesta manhã, ao espírito do *Princípio e fundamento* para refletir sobre a primeira invocação "Pai nosso que estás nos céus"; à tarde nos deteremos nas palavras "santificado seja o vosso nome"; assim colocaremos as bases sobre as quais continuará a jornada destes dias.

Aquele a quem Jesus chama de Pai

O pai-nosso começa com a palavra "Pai", o que não é usual. Nenhum salmo começa assim, e, mesmo que em algumas orações dos textos sagrados às vezes se dirija a Deus como Pai, um começo assim tão direto é único, ainda que Mateus retoricamente o amplie, em relação a Lucas, dizendo, de modo mais solene, "Pai nosso que estais nos céus".

Tentamos entender o que significa o título "*Pai*"; o que queremos dizer invocando-o como o "Pai *nosso*"; o que acrescentamos dizendo "Pai nosso *que estais nos céus*".

Proponho fazer uma *lectio* para responder às nossas interrogações e, mais tarde, proporei uma *meditatio* para compreender quais sentimentos e quais linhas de oração nos são sugeridas.

• A palavra "*Pai*"
– Em si não é unívoca, pode ter muitos significados e evocar muitas emoções, até mesmo existenciais, porque cada um revive sua própria relação com o pai natural, que pode ser excelente, medíocre, escassa. É, portanto, um nome que toca muitos aspectos da nossa vida interior e de nossa psique.

Em geral, é uma palavra com muitos significados. Pai é, antes de tudo, e de modo muito claro, aquele que dá a vida biológica, isto é, junto com a mãe, aquele que inicia.

Pai é também aquele que educa para a vida, talvez de forma forte. A Escritura não tem medo de lembrar que o pai também é aquele que pune. A Carta aos Hebreus nos lembra que, se aceitamos os castigos do pai terreno, não devemos ficar surpresos se Deus Pai nos castiga, nos prova, porque é típica do pai também a função de educador enérgico (cf. 12,7-11).

Pai é ainda aquele que nutre, que deve prover sustento aos filhos, e é aquele que protege, em cujos braços encontra-se abrigo. A criança se joga nos braços de seu pai em busca de uma defesa, ela fecha os olhos enquanto o abraça para não ver o perigo. É, pois, um símbolo de refúgio, de conforto.

Além disso, o pai representa também a força da tradição. Quando nós o nomeamos, pensamos imediatamente nas raízes que constituem a nossa identidade de pessoas.

Na invocação "Pai" que Jesus coloca em nossos lábios, estão presentes todos esses significados.

– Porém não é suficiente, porque, se assim fosse, seria uma invocação adequada para todos. Em vez disso, o mistério consiste no fato de que, se é verdade que o pai-nosso pode ser recitado um pouco por qualquer um – penso, por exemplo, nos judeus e em todos aqueles que admitem um Deus pessoal –, é, por outro lado, igualmente verdade que é a oração ensinada a nós por Jesus e tem, portanto, raízes muito precisas. Eu aponto uma particularmente significativa: o batismo de Jesus.

Ele vai para o Jordão para ser batizado por João. Este quer impedi-lo, mas Jesus insiste e João concorda: "Depois de ser batizado, Jesus saiu da água; e eis que o céu se abriu e ele viu o Espírito de Deus descer como uma pomba e vir sobre ele. E do céu veio uma voz que disse: 'Este é o meu Filho amado, no qual me comprazo'" (Mt 3,16-17). Ora, para dizer "Pai" é necessário, portanto, que alguém me chame de "Filho". "Pai" não é a primeira palavra, é a segunda.

A primeira palavra é aquela de quem nos diz: "Filho, meu querido filho, meu filho amado".

Logo, no pai-nosso, Pai é principalmente Deus Pai de Jesus Cristo, é aquele a quem Jesus chama de Pai e que o chama de Filho, e está fortemente presente em todo o Sermão da Montanha, no qual, antes do pai-nosso que está no centro do Sermão, Jesus nomeia o Pai oito vezes e novamente o nomeia várias vezes depois.

O Pai é o Pai de Jesus Cristo, e Jesus nos comunica essa paternidade, tornando-nos participantes de sua própria filiação.

São Paulo diz claramente: "E vós não recebestes espírito de escravos, para recairdes no medo, mas recebestes um espírito de filhos adotivos por meio do qual clamamos: 'Abbá, Pai!' (Rm 8,15). Jesus nos dá seu Espírito, e em seu Espírito podemos dizer 'Pai', Pai de Jesus, meu Pai: 'O próprio Espírito testemunha ao nosso espírito que somos filhos de Deus. E, se somos filhos, somos também herdeiros: herdeiros de Deus e coerdeiros de Cristo, se, de fato, participamos em seus sofrimentos, para participarmos também em sua glória'" (vv. 16-17).

Se pensarmos que a geração do Filho do Pai é eterna, atemporal, que *hoje* Deus Pai gera seu Filho, entendemos que *neste momento* somos gerados como filhos.

Sermos filhos do Pai é a nossa identidade, é o que nos define em nosso ser mais profundo. Embora no batismo haja um ponto de partida, ele perdura em cada momento de nossa existência: o Pai nos diz: "Meu filho querido, meu filho muito amado", e respondemos com a palavra "Pai".

Aqui está o primeiro significado desta palavra, da qual todos os outros derivam: Pai nutridor, Pai educador, Pai refúgio, Pai apoio, Pai conforto, Pai que também pune e purifica, mas porque ele nos gerou em Jesus.

Portanto, sentimos que participamos intimamente de toda a oração de Jesus, que tem este conteúdo fundamental: "Pai, meu Pai". Percebemos, visitando a Galileia e contemplando os montes onde ele rezou, que a nossa oração é uma só coisa com a dele (eu fiz meus exercícios pessoais sobre o pai-nosso no mês de junho no Monte Tabor e lá eu pensava: uno-me a Jesus que aqui rezava longas horas contemplando o Pai).

Uma coisa só, mesmo quando a oração se torna dramática: "Meu pai, se possível, que este cálice passe de mim" (Mt 26,39); "Novamente, afastando-se, ele rezava dizendo: 'Meu Pai, se este cálice não pode passar sem que eu o beba, seja feita a tua vontade!'" (Mt 26,42); "Deixando-os, afastou-se e rezou pela terceira vez, repetindo as mesmas palavras" (Mt 26,44).

Ensinando-nos a dizer "Pai", Jesus nos envolve em sua determinação de cumprir a vontade do Pai.

E mais uma vez ele nos assume naquela atitude que Lucas descreve na conclusão da paixão: "Pai, perdoa-lhes! Pois eles não sabem o que fazem!" (Lc 23,34). Ocasionalmente somos capazes de perdoar à medida que participamos nos sentimentos filiais de Jesus.

Acima de tudo, envolve-nos na última palavra que ele pronunciou, segundo a descrição da Paixão de Lucas: "Jesus, dando um grande grito, disse: 'Pai, em tuas mãos entrego o meu espírito'" (Lc 23,46). É o caminho que ele nos faz percorrer colocando em nossa boca a palavra "Pai": caminho de amor, de confiança, de obediência, de perdão, de entrega da vida. Dizendo essa palavra, colocamos em causa a nossa vida e a nossa morte: "Pai, em tuas mãos entrego o meu espírito".

A paternidade de Deus, que nos é dada no batismo, é, como eu disse, pontual e ao mesmo tempo perene, e nós a reatualizamos sempre quando entramos em oração, sabendo que isso exige força particular sempre quando tomamos decisões importantes. O Senhor naquele momento nos dá, como disse Santo Tomás de Aquino, um suplemento de Espírito Santo, portanto uma nova prova de sua paternidade. Em nossa vida, temos que enfrentar muitas situações desse tipo: por exemplo, quando alguém assume uma responsabilidade nova de pároco, ou torna-se bispo ou superior de uma comunidade; ou quando em segredo fazemos um gesto de perdão, de misericórdia, de fé ou de esperança. Então, a paternidade de Deus é manifestada de maneira muito forte.

Para finalizar a reflexão, é bom repetir as palavras de Pedro e de Paulo, que haviam compreendido intimamente o mistério da filiação de Jesus e nossa: "Bendito seja Deus, o Pai de nosso Senhor Jesus Cristo; em sua grande misericórdia ele nos regenerou, mediante a ressurreição de Jesus Cristo dentre os mortos, para uma esperança viva" (1Pd 1,3); e Paulo, no início da segunda Carta aos Coríntios: "Bendito seja o Deus e Pai de nosso Senhor Jesus Cristo, o Pai misericordioso e Deus de toda consolação" (2Cor 1,3).

• Mateus adiciona ao apelativo "Pai" a palavra "*nosso*", para sublinhar que é uma oração coletiva e recitada em conjunto.

Recitada, em primeiro lugar, pela comunidade dos filhos de Deus, dos batizados e – poderíamos acrescentar – em nome de todos os filhos de Deus, aqueles que Karl Rahner chama de "cristãos anônimos", porque, seguindo sua própria consciência, na graça do amor são realmente filhos, mesmo que ainda não conheçam Jesus. Desse modo, invocamos "Pai" com uma multidão de pessoas espalhadas por todo o mundo.

E dizemos isso particularmente com nossa comunidade e com todos aqueles que vivem conosco a fraternidade cotidiana. E mais: chamando-o de "nosso", afirmamos que Deus é o Pai de todos aqueles pelos quais temos alguma responsabilidade.

Em meus anos de serviço episcopal à grande diocese de Milão, fui muito ajudado pela certeza de que Deus cuidava de todos e de cada uma das pessoas que foram a mim confiadas, que talvez me pedissem orações e de que, por serem tantas, eu não conseguia nem mesmo me lembrar. Mesmo hoje, toda vez que digo "pai-nosso", confio-lhe todas as pessoas que encontrei e as sinto unidas à minha oração, todas lembradas, nome por nome, diante do Pai.

Finalmente, ele é o Pai de todas as criaturas humanas, porque todos são chamados a se tornarem filhos de Deus. Recitando "pai-*nosso*", sentimos como próximos os budistas, os muçulmanos, os não crentes ou qualquer outro, seja qual for sua condição existencial.

Dessa forma, nossa oração se expande e abraça a todos.

• Agora nos concentremos no *que estais nos céus*". É uma expressão que pode ter muitos significados.

A relação entre o céu e a terra é mais evocada nos Evangelhos do que se possa pensar: "Tudo o que ligardes na terra será ligado no céu" (Mt 18,18); "se dois de vós estiverem de acordo, na terra, para pedir qualquer coisa, meu Pai que está no céu vo-la concederá" (Mt 18,19). "Tudo o que fareis às escondidas, o Pai que está nos céus o verá e vos recompensará" (cf. 6,4.6.18). E, se procurarmos uma confirmação semelhante no Primeiro Testamento, podemos ler, por exemplo, no Primeiro Livro dos Macabeus: "O céu fará com que os eventos aconteçam de acordo com o que lá foi estabelecido" (1Mc 3,60).

"Que estais nos céus" não é, portanto, uma simples aposição. Certamente serve para distinguir o Pai celestial do pai terrestre, mas sobretudo invocamos com essas palavras o Pai que vive no mundo da transcendência, no mundo definitivo, no mundo das coisas que nunca mais passarão; aquele Pai que vive na luz perene, em quem não há mais ambiguidade, não há mais insegurança, não há mais pecado.

O céu é também o lugar da recompensa, em que a vontade de Deus se cumpre totalmente, de maneira perfeita.

Esse aspecto da oração sempre me encheu de grande paz. Na verdade, nunca estamos em uma situação clara, vivemos sempre beirando, quase tocando, às vezes comprometidos pelos compromissos; a nossa situação é sombria, maligna, na qual nunca se sabe se agimos realmente de acordo com o Evangelho ou não; a cada dia nós estamos sob o risco da ambiguidade. Dizendo "Pai nosso que estais nos céus", confessamos, porém, que existe um lugar onde tudo é claro, brilhante, límpido, onde tudo é justo e verdadeiro. Se olharmos ao redor, veremos que estamos como que cansados, abatidos e às vezes oprimidos pelo monte de injustiças que nos rodeiam e das quais, queiramos ou não, nós fazemos parte. Ao proclamarmos "Pai que estais nos céus", afirmamos que há uma situação em que não há mais injustiça, nem lágrimas, nem amargura, nem incompreensões, nem mal-entendidos, e tudo é clareza, beleza, pureza.

A invocação inicial do pai-nosso é, assim, capaz de nutrir, apoiar, confortar nossa alma.

Para a oração

Que pistas de oração nos são sugeridas pela primeira petição? Algumas eu já indiquei e as resumi referindo-me aos Evangelhos, em particular ao Sermão da Montanha.

– Por exemplo, nos é sugerida a linha do *abandono* e da *confiança*: "Tu, porém, quando rezares, entra no teu quarto e, tendo fechado a porta, reza ao teu Pai que está ali, no segredo. E o teu Pai, que vê no segredo, te dará a recompensa" (Mt 6,6).

Ele é aquele Pai a quem nada escapa dos nossos sacrifícios, da nossa gratuidade, das nossas humilhações secretas, do nosso silêncio que às vezes devemos conservar em detrimento de nós mesmos para não envolver os outros. É o Pai que recompensa tudo e ao qual nos abandonamos de modo confiante e total.

É aquele Pai que, segundo o ensinamento de Pedro, cuida de nós: "Humilhai-vos, pois, sob a poderosa mão de Deus, para que, na hora oportuna, ele vos exalte, *lançando* nele toda *a vossa preocupação*, pois ele é quem cuida de vós" (1Pd 5,6-7).

O Pai, portanto, conhece nossas necessidades antes mesmo que lhe peçamos.

Há algum tempo eu me encontrei com umas vinte freiras que eu tinha guiado trinta anos atrás no percurso dos votos definitivos; nos reencontramos no desejo de reler sinteticamente o tempo decorrido. Pessoalmente, usei uma fórmula muito simples: nestes trinta anos, Deus Pai cuidou de mim, muito mais do que eu pudesse prever, pedir ou exigir; dessa forma, continuará cuidando de mim.

É a linha do abandono, da ausência de toda e qualquer preocupação: "Lançai nele todas as vossas preocupações, porque ele cuida de vós".

– Há também a linha do confiar *todas as pessoas que amamos e todas as situações que nos oprimem*. Morando no Oriente Médio, em Jerusalém, eu testemunhei no dia a dia as situações de violência, opressão, e realmente não se sabe como sair dessa perplexidade, ficamos como que paralisados, envolvidos, amarrados, confusos.

E, no entanto, a invocação "Pai nosso que estais nos céus" convida-nos a dizer: "Senhor, tu sabes o significado de tudo o que acontece e tu concordarás com quem está certo e farás justiça a quem pede justiça".

Vamos, portanto, nos questionar seriamente sobre nossa capacidade de viver pelo menos em parte as sugestões que nos vêm da palavra "Pai"; perguntemo-nos se prevalece em nós a ansiedade ou a paz. Certo é que temos tantos motivos para sermos ansiosos; no entanto, se a ansiedade prevalece em nós, como um sentimento de fundo, significa que não dizemos com verdade a palavra "Pai".

Se a dissermos seriamente, um sentimento de paz profunda prevalecerá em nós.

Assim, também, perguntemo-nos se é a tristeza ou a alegria que prevalece em nós. Se prevalece em nós a tristeza, a amargura, o pessimismo, o ceticismo, talvez o pessimismo, no que diz respeito à situação da Igreja, da sociedade, significa que não nos confiamos seriamente em Deus *Pai*, porque é ele quem cuida de tudo, é ele quem conhece e sabe como colocar tudo em ordem, é ele quem sabe como trazer todos para casa.

Paz, confiança, alegria e abandono são sentimentos que nos colocam no caminho do Evangelho. Não é por acaso que o pai-nosso foi definido como "uma síntese do Evangelho".

ESPÍRITO E PALAVRA

(Homilia)

Os textos litúrgicos deste dia tocam dois temas que havíamos dito que eram centrais em nosso retiro: o tema do Espírito e o tema da Palavra.

A doçura no crer

"Irmãos, o Espírito perscruta todas as coisas, até mesmo as profundezas de Deus. Quem conhece os segredos do homem senão o espírito do homem que está nele? Assim também os segredos de Deus ninguém jamais pôde conhecê-los a não ser o Espírito de Deus. Ora, nós não recebemos o espírito do mundo, mas o Espírito de Deus para conhecer tudo aquilo que Deus nos concedeu. Dessas coisas nós falamos, não com uma linguagem ensinada pela sabedoria humana, mas pelo ensinamento do Espírito, expressando coisas espirituais em termos espirituais. O homem natural, porém, não compreende as coisas do Espírito de Deus; estas são para ele loucura, e não é capaz de entendê-las, pois tudo isso só pode ser julgado por meio do Espírito. O homem espiritual, ao contrário, julga tudo sem poder ser julgado por ninguém. De fato, quem conheceu o pensamento do Senhor de modo a poder guiá-lo? Ora, nós temos o pensamento de Cristo" (1Cor 2,10-16).

Recordemos antes de tudo que definimos os exercícios como um ministério do Espírito e do imediato, pois o Espírito, conforme a palavra de Paulo que chega para nós hoje, perscruta as profundezas de Deus e as profundezas de nosso coração. É ele quem favorece o contato imediato do Mistério indivisível, inefável e sobre-humano com nossa pequenina história.

E o Apóstolo continua: "Nós recebemos o Espírito de Deus para conhecer tudo aquilo que Deus nos concedeu". Concedeu-nos sua paternidade e, com a paternidade, a vocação cristã e em seguida a vocação sacerdotal e religiosa; a vocação em diferentes tipos de serviço, e também a vocação à cruz e ao sofrimento. O Espírito nos fala de tudo isso.

A epístola de Paulo nos ensina que "o homem espiritual julga tudo", uma vez que possui a percepção, o paladar, a sabedoria, a sensibilidade, coisas que lhe permitem compreender cada realidade com profundidade. O homem natural, pelo contrário, não compreende "as coisas do Espírito de Deus"; se ele se esforçar para compreender, perceberá que estão acima e além de sua experiência e chegará a dizer: isto é coisa de outro mundo!

Pode acontecer que, em certo momento, ao nos afastarmos do clima de oração, do clima da fé, da atmosfera de abertura para as realidades celestes, não consigamos mais compreender a voz do Espírito. Nesse caso, entramos em uma grave tentação contra a fé: quase nos parece que raciocinamos com os olhos do incrédulo, e a situação de quem crê aparece como loucura. Somente a força do Espírito – haurida na oração perseverante, na prática fiel dos sacramentos, no domínio de si mesmo – nos recoloca na verdade da vida de fé.

É arriscado entrar na situação que Paulo chama de "natural", psíquica, pois perde-se aquela sensibilidade delicada, aguda, carinhosa, respeitosa, que os Padres da Igreja chamavam de *pius credulitatis affectus*, aquela doçura no crer que nos faz perceber as "coisas espirituais" como reais. Em vez disso, quando entramos na esfera mundana, profana, secularista, tudo nos aparece confuso e nebuloso. Infelizmente nós estamos particularmente sujeitos a essa tentação, pois estamos na fronteira entre dois mundos: vivemos no mundo das coisas de Deus, e, ao mesmo tempo, nos encontramos em contato com o mundo das realidades cotidianas e profanas. Se não tivermos claramente determinado a nossa posição, somos sacudidos por uma ou outra das duas situações e nosso julgamento permanece incerto, ofuscado e frequentemente achatado.

A tentação de ateísmo e de não crer está sempre à porta. Sabemos que Santa Teresa do Menino Jesus viveu o último ano da sua vida em uma prova terrível de não crer: via e julgava as coisas como as vê e julga um não crente. E ela teve a graça de perseverar na fé apesar de tudo.

Em seus últimos meses de vida, ela também compunha cantos muito bonitos e poesias simples, ricas de fé. A quem lhe perguntava como ela podia fazer isso em meio a tantas tentações e trevas, enquanto o céu, de modo angustioso, lhe parecia fechado, ela respondia: "Canto aquilo *em que quero acreditar*". Nela, a fé tornou-se uma força de vontade apoiada pelo Espírito.

Os exercícios são uma abertura, uma exercitação para dar espaço ao Espírito. Eles nos permitem acolher o Espírito, como uma criança acolhe o reino; permitem-nos dar razão a ele, aceitá-lo e segui-lo, para redescobrir gradualmente a visão global na qual respiramos com serenidade. E então não seremos mais meio ateus e meio crentes, mas fiéis no coração.

O poder da Palavra

"Naquele tempo, Jesus desceu a Cafarnaum, cidade da Galileia, e no sábado ensinava o povo. Eles ficaram impressionados pelo seu ensino, porque ele falava com autoridade. Na sinagoga havia um homem com um demônio impuro e ele começou a gritar bem alto: 'Basta! O que temos nós a ver contigo, Jesus de Nazaré? Tu vieste para nos arruinar? Sei bem quem és: tu és o Santo de Deus!'.

Jesus ordenou-lhe: 'Cala-te, sai dele!'. E o demônio, lançando-o por terra no meio do povo, saiu dele, sem lhe fazer mal algum. Todos ficaram cheios de medo e diziam uns aos outros: 'Que palavra é essa, que manda com autoridade e poder os espíritos imundos e estes vão embora?'. E a sua fama se espalhou por toda a região" (Lc 4,31-37).

Os exercícios são também – recorda-nos a segunda leitura – uma abertura à Palavra, à Palavra forte e eficaz. A Palavra de Jesus não é simplesmente uma interpretação e comentário dos textos sagrados, como poderia ser a palavra do ensino rabínico. Ele fala em nome de Deus.

Ainda hoje estamos sob a influência da Palavra. É a Palavra do batismo que nos torna filhos; é a palavra eucarística que nos faz tomar decisões importantes nas quais toda a nossa existência está envolvida e perenemente ligada à fidelidade de Jesus.

É a Palavra que expulsa de nós o diabo e o mundo. Não está dito que seja um demônio impuro; até pode ser isso, mas geralmente a Palavra é forte quando entramos no desânimo, na turbulência mental e na confusão. Então é aí que ela nos reanima, nos recria, nos regenera, como diz Pedro: fostes regenerados por uma Palavra viva (cf. 1Pd 1,23).

Quantas vezes tivemos a experiência, quantas vezes eu tive a experiência de ter a coragem recobrada por permissão da Palavra, que me orientou, esclareceu as coisas, reorganizou a mente, deu-me um horizonte novamente aberto!

Os exercícios consistem em deixar a Palavra ressoar dentro de nós, com a força do Espírito.

Pedimos nesta Eucaristia podermos estar abertos à graça do Espírito e da Palavra, Palavra que – devemos recordar sempre – se revela na sua verdade quando começamos a pô-la em prática.

E conseguimos captar algo do próprio Mistério de Deus quando, sentindo que é dinamismo, ação, dom, renúncia, serviço, aceitamos entrar nesta dinâmica e na sintonia com a vida de Deus, que é dedicação sem limites. Então o Mistério se torna claro para nós, caso contrário permanece um conceito que se afoga no mar das objeções filosóficas.

A Eucaristia é precisamente um dom sem limites que nos é dado a conhecer e acolher.

I
MEDITAÇÃO

"Santificado seja o vosso nome"

Retomemos resumidamente o tema da meditação desta manhã, para nos introduzir na reflexão sobre a próxima invocação: "Pai, santificado seja o vosso nome".

Padre Michel Ledrus usa duas ou três fórmulas que me parecem expressar bem o que tentamos explicar comentando a palavra "Pai". Em primeiro lugar, o termo "'Pai', muito mais do que uma evocação da ternura paterna, era para os gregos e para os romanos um título de honra dado à divindade. Em vez disso, ao nomear Deus seu 'Pai', o cristão atesta a remissão dos pecados, a justiça e a santidade recuperadas para efeito da redenção; a adoção filial, a herança eterna e a conduta do Espírito gratuitamente dadas" (op. cit., 18-19). Esse é o significado cristão da invocação pronunciada no Espírito de Jesus Cristo. E continua: "Portanto, a exclamação 'Pai' expressa o conhecimento misterioso e íntimo de Deus, possuído pelos fiéis que recitam o pai-nosso sob ação do Espírito Santo" (ibid., 20); "*Monstra te esse Patrem*: Mostra-nos, Senhor, que sois Pai! 'Demonstra-nos a tua misericórdia e dá-nos a tua salvação' (Sl 84[85],8). Todos os louvores de Deus se concentram na palavra 'Pai'. A obra de Cristo se resume na manifestação da paternidade de Deus: 'Eu manifestei o teu nome aos homens' (Jo 17,6)" (ibid., 21-22).

Essas fórmulas nos ajudam a considerar a seguinte expressão do pai-nosso – "Santificado seja o vosso nome" –, que sempre meditamos no espírito do *Princípio e fundamento*, nesse princípio sobre o qual se fundamenta toda a dinâmica dos *Exercícios* inacianos e toda a dinâmica da vida cristã.

"'Santo' é o vosso nome"

A formulação é rara, um pouco estranha, e não a usamos na pregação e talvez nem mesmo em nossas orações, além do pai-nosso. Provavelmente teríamos preferido, no lugar do verbo grego *agiasthéto*, "seja *santificado*", outro verbo, com o qual nos sentimos mais à vontade, que é o verbo *doxàzo* (glorificar).

Aparece amplamente na última oração de Jesus, de acordo com o Evangelho de João, e podemos entender muito bem o que quer dizer: "Pai, chegou a hora. Glorifica teu filho, para que teu filho te glorifique" (17,1); "Eu te glorifiquei na terra, realizando a obra que me deste para fazer" (v. 4); "E agora, Pai, glorifica-me diante de ti, com a glória que eu tinha, junto de ti, antes que o mundo existisse" (v. 5); "Tudo o que é meu é teu, e tudo o que é teu é meu. E eu sou glorificado neles" (v. 10); "Eu lhes dei a glória que tu me deste, para que eles sejam um, como nós somos um" (v. 22); "Pai, quero que estejam comigo aqueles que me deste, para que contemplem a minha glória, a glória que tu me deste, porque me amaste antes da criação do mundo" (v. 24).

Teríamos nos encontrado melhor filologicamente se também no pai-nosso se usasse justamente o verbo *doxàzo*: "Pai, glorifica o vosso nome", ou: "Glorificado seja o vosso nome".

O verbo *agiàzo* (*agiasthéto*) é certamente mais misterioso, mais rude, mais difícil de penetrar.

No entanto, é importante para nós entendermos o significado dessa invocação e desejarmos rezar ao Pai dizendo: vosso nome é grande, vosso nome é glorioso. Concedei-nos penetrar na intenção de vosso Filho quando ele coloca em nossos lábios o pedido "santificado seja o vosso nome".

Peçamos à Virgem Maria, que tinha uma percepção profunda do mistério da santidade do nome de Deus, para iluminar a nossa mente e o nosso coração, de modo a captarmos as atitudes que este pedido quer despertar em nós e vislumbrarmos o caminho cristão que ele nos convida a realizar.

Evocando a figura de Maria, vem em mente o seu cântico, o *Magnificat*, naquela parte em que ela canta com alegria: "*O Poderoso fez grandes coisas em mim / e santo é o seu nome*" (Lc 1,49).

A percepção da santidade do Nome é, de fato, algo tipicamente do Antigo Testamento, e por essa razão citarei mais adiante algumas passagens dos profetas. É-nos pedido que entremos na mentalidade do Primeiro Testamento, uma vez que a invocação "santificado seja o vosso nome" está no cume, entre o Primeiro e o Segundo Testamento. É uma palavra que os judeus entendem quase melhor do que os cristãos, e Jesus a coloca no nosso coração e nos nossos lábios porque quer que estejamos enraizados no Primeiro Testamento.

Portanto, proponho fazer uma *lectio* perguntando-nos o que significa o "Nome" e o que significa "*seja santificado* o vosso nome"; em seguida vou oferecer-lhes algumas ideias para uma breve *meditatio*, uma aplicação: quais são as atitudes que essa oração nos sugere?

Uma polivalência sugestiva de significados

Não nos surpreendamos se não tivermos respostas precisas para as nossas perguntas, porque o pai-nosso é uma oração rica e intensa, muito curta, muito densa, com muitos significados. Obviamente, por sua natureza, a oração não é uma fórmula matemática, e é possível colher significados diferentes, que provavelmente são todos válidos.

1. É possível isso ao considerarmos a palavra "nome". Nós sabemos pelo Primeiro Testamento que "o teu nome" significa "a tua pessoa", "o teu poder", "o teu ser", "a tua realidade".

Mas falta nos perguntarmos: isso significa que Deus é reconhecido como Deus, e daí advém, de acordo com a palavra de Mateus 22,21, o mandamento: "Dai a Deus aquilo que é de Deus"? Ou então: "Santificado seja o vosso *nome* de *Pai*", isto é, que todos te reconheçam não só como Deus, mas como um Pai, terno, amoroso, misericordioso, que envia o Filho para o perdão dos pecados? Que todos reconheçam a tua grandeza, teu poder, tua infinitude, tua transcendência? Ou que todo o mundo reconheça em particular tua bondade, tua condescendência, teu interesse pelo ser humano? Provavelmente podemos entender com ambos os significados. Muitas vezes, optaria pela insistência: seja santificado o teu nome *como Pai*, isto é, que tu sejas reconhecido como aquele que ama, conforta, perdoa, como aquele que, segundo a parábola do filho pródigo, espera, vai ao encontro, abraça, põe seu manto nupcial, dá o grande banquete (cf. Lc 15,11-32). A oração não diz nada sobre isso; cabe a nós aprofundar um ou outro aspecto.

2. E o que significa *"seja santificado"*? Já disse que é uma expressão estranha e curiosa.

• Pode ser uma *doxologia* simples ("Pai, bendito seja o vosso nome, venha o vosso reino"), uma espécie de aposição, um intercalado, como podemos encontrar frequentemente nas orações judaicas.

No entanto, não considero essa hipótese como provável.

Poderíamos também remontar à *berakhá*, um gênero literário comum no judaísmo. De fato, quando se encontra ou se convida um hóspede, se diz: *baruk ha ba'*, bendito aquele que vem; e à pergunta "como vai você?" se responde: bem, *baruk ha shem*, bendito seja o Nome.

O uso da *berakhá*, do bendizer a Deus, então tem sua aplicação em muitos outros aspectos da vida: há a *berakhá* antes da refeição, a mesma que Jesus pronunciou sobre o pão e o vinho, a chamada oração de bênção; há a *berakhá* após uma refeição etc.

O conceito também está presente no Novo Testamento. É uma *berakhá*, por exemplo, a saudação de Isabel a Maria: "*Eulogheméne sy en ghynaixìn*" [*bendita és tu entre as mulheres*], "e bendito o fruto do teu seio, Jesus" (Lc 1,42). Bem aqui, vemos que o verbo *berek* tem como correspondente o verbo *eulogheín* (*eulogheméne*) e o termo *eulogìa*.

O próprio *Benedictus* começa com uma *berakhá*: "*Euloghetòs kyrios o theòs tou Israel*" [*Bendito seja o Senhor, Deus de Israel*] (Lc 1,68). Outra forma de *berakhá* é encontrada em Lucas 11,27: "Uma mulher levantou a voz no meio da multidão e lhe disse: 'Feliz o ventre que te trouxe e os seios que te amamentaram'".

E há pelo menos duas cartas do Novo Testamento começando com uma *berakhá*. A Segunda Carta aos Coríntios: "Bendito seja o Deus e Pai de nosso Senhor Jesus Cristo, o Pai das misericórdias e Deus de toda consolação" (2Cor 1,3); a Carta aos Efésios: "Bendito seja o Deus e Pai de nosso Senhor Jesus Cristo, que nos abençoou com toda bênção espiritual nos céus, em Cristo" (Ef 1,3).

Em todo caso, o gênero literário *berakhá* não me *parece* corresponder totalmente à primeira invocação do pai-nosso, "Santificado seja o vosso nome".

- Em vez disso, é provavelmente um *pedido* real.

E o que se pede? Pode-se pensar em várias coisas.

– No espírito do profeta Ezequiel, que usa essa fórmula várias vezes, o pedido pode significar: "*Pai, age, intervém na história* para que o teu nome seja reconhecido grande". O profeta pede uma intervenção de Deus que surpreenda as pessoas e as leve a exclamar: Deus verdadeiramente é grande!

"Santificarei o meu grande nome", ou seja, eu me manifestarei com obras tais que surpreenderão, obras que farão louvar o meu nome "desonrado entre as nações, profanado por vós em meio às nações". Vós, com vosso comportamento, fizestes o povo desprezar o meu nome; agora eu vos mostrarei a grandeza. "Então as nações saberão que eu sou o Senhor – palavra do Senhor Deus – quando mostrarei a minha santidade em vós diante de seus olhos" (cf. Ez 36,21 ss.).

"*Santificado seja o vosso nome*" é um verbo passivo teológico, isto é: *Tu*, santifica o teu nome, intervém neste mundo tão escuro, tão confuso, tão violento, tão mesquinho; intervém para nos mostrar que tu existes, que és justo, que és santo, que tens na mão o destino da história.

Ezequiel ainda aponta uma série de sete intervenções santificadoras de Deus: "Eu vos tomarei dentre as nações, vos reunirei de todos os países, e vos conduzirei à vossa terra. Derramarei sobre vós água pura e sereis purificados. Eu vos purificarei de todas as vossas impurezas e de todos os ídolos. Eu vos darei um coração novo e porei em vós um espírito novo. Removerei de vós o coração de pedra e vos darei um coração de carne. Porei em vós o meu espírito e vos farei viver conforme as minhas leis e vos farei observar os meus preceitos. Habitareis na terra que dei a vossos pais" (Ez 36,24-28a). De todas as intervenções que reconstituem Israel disperso e que, por isso, glorificam a Deus, sete intervenções são concluídas pela fórmula da aliança: "Vós sereis o meu povo e eu serei o vosso Deus" (v. 28b). Ainda hoje o povo judeu vive dessa esperança, e a presença em Israel de milhões de judeus, reunidos de todos os povos, é vista como uma intervenção gloriosa de Deus, que sempre ama seu povo.

É interessante também reler Isaías 29,22-23: "Por isso, o Senhor diz à casa de Jacó, ele que resgatou Abraão: 'De agora em diante Jacó não deverá mais ficar corado, humilhado, pois, vendo o trabalho de minhas mãos entre eles, santificarão o meu nome, santificarão o santo de Jacó e temerão o Deus de Israel'".

Portanto, acho que, diante da expressão "seja santificado o vosso nome", estamos enfrentando precisamente o vocabulário da santificação, da santidade, do *kadosh*, do Santo. Parece-me que em português se traduziria melhor com a palavra *transcendente*: que seja reconhecida a transcendência de Deus, que Deus seja reconhecido como transcendente, e que ele realize obras na história pelas quais todos clamem: Deus é grande!

Neste ponto me remeto de novo ao estudo do Padre Ledrus. Ele é contrário à opinião de muitos, incluindo Schürman, segundo o qual o pai-nosso contém uma única invocação – "Venha o vosso reino" –, e em torno dessa se colocariam todas as outras. De certa forma, é verdadeiro. Mas a invocação "venha o vosso reino" é submetida à anterior: que o nome de Deus seja glorificado e bendito, que Ele seja reconhecido em sua transcendência, em sua santidade, como Pai.

Leio o texto: "'Pai, santificado seja teu nome' (Lc 11,2). Essa versão de São Lucas mostra como a primeira aspiração ('santificado seja o vosso nome') está ligada à invocação do Pai, ao passo que ao mesmo tempo se separa da aspiração sucessiva e de todas as petições que se seguem, que, em todo caso, serão referidas a esta mesma exaltação de Deus" (op. cit., 33).

Dessa forma, em primeiro lugar, "santificado seja o vosso nome"; e, por essa razão, "venha o vosso reino" e "seja feita a vossa vontade" se completam como algumas condições necessárias, como o pão de cada dia, o perdão, a libertação da tentação e do mal.

"Eu já não estou no mundo; mas eles estão no mundo, enquanto eu vou para junto de ti. Pai Santo, guarda-os em teu nome, o nome que me deste, para que eles sejam um, como nós somos um" (Jo 17,11).

"Esta expressão eleva a oração ao nível de um hino eucarístico e a completa com tons de júbilo. Também aflorava nos lábios de Cristo que, com olhos levantados para o céu, rezava 'Pai santo'" (Jo 17,11); "*o vosso nome*" significa a tua Pessoa; não apenas como determinação, mas também como manifestação de poder, de onipotente misericórdia (cf. Is 59,19: "nome-glória"; Zc 14,9: "o teu nome será único").

Significa Deus como ele se revelou e como ele se manifesta em seu desígnio de salvação e, portanto, assim como é por nós conhecido na fé mediante a comunicação da consciência por enquanto obscurecida que Deus deu de si mesmo.

Santificado significa: "Deus seja exaltado, reconhecido como incomparável" (transcendente); "Deus seja glorificado na atuação de seu desígnio de amor: 'Eu fiz com que conhecessem teu nome, e os farei conhecê-lo ainda, para que o amor com que me amaste esteja neles, e eu mesmo esteja neles' (Jo 17,26). O interesse supremo de Cristo, a única paixão de seu coração, era Deus, somente Deus; ele transmitiu isso aos seus discípulos também na oração que ele lhes ensinara; de maneira que antes de morrer ele pôde dizer: 'Pai, manifestei o teu nome aos homens que me deste' (Jo 17,6)".

Jesus veio para nos ensinar a "'santificar o nome de Deus', isto é, a tratar Deus como Deus, a não tratar como Deus nada além de Deus e sua glória, a amá-lo com um amor supremo e exclusivo, a exaltá-lo acima de tudo e especialmente acima de nós mesmos, a nunca o colocar no nosso coração competindo com um bem terreno, a ficar entusiasmados com ele. A segurança e a confiança que Jesus consegue nos comunicar, nos ensinando a rezar assim, nos faz pressentir que esse desejo já foi atendido, no sentido de que Deus já está manifestando a sua misericórdia e sua glória no mundo e já está levando à realização seu plano de salvação. Em última análise, só Deus é o autor de sua própria glorificação, e quem reza assim como Jesus ensinou sabe que participa e deseja a realização disso em si mesmo e em todos, hoje, e acima de tudo na manifestação de realeza que ele fará de si mesmo no final do mundo (cf. Ez 36,23)" (ibid., 33-34).

Por fim, recordo que algo semelhante também está presente em João 12,27-28, com o verbo *doxàzo*, típico, como vimos, do evangelista: "'Minha alma está perturbada. E que direi? Pai, livra-me desta hora? Mas foi precisamente para esta hora que eu vim. Pai, glorifica o teu nome!'. Veio, então, uma voz do céu: 'Eu já o glorifiquei, e o glorificarei de novo!'".

Intervém, ó Pai! Aqui se fala daquela glorificação que é a morte de Jesus e a sua ressurreição. O Pai é santificado em Cristo ressuscitado. E talvez Jesus, quando foi ao Jordão para ser batizado, já estivesse rezando pela santificação de Deus Pai.

De qualquer modo, na petição do pai-nosso, a fórmula permanece passiva e não explicita esse conteúdo.

– Então, outra nuance de significado é possível: o desejo de que *louvemos o nome de Deus*.

A invocação "santificado seja o vosso nome" é entendida por muitos cristãos como a resolução de louvar o nome de Deus e não o blasfemar. Portanto: "*Santificado seja o vosso* nome *por nós*, pessoas humanas".

É a honra devida a Deus de que fala o profeta Malaquias: "O filho honra o pai, e o servo, seu senhor. Se eu sou pai, onde está a minha honra? Se sou senhor, onde está o temor que me devem? O Senhor dos exércitos vos diz a vós, sacerdotes que desprezais o meu nome" (Ml 1,6), sacerdotes que não agem de acordo com as leis de Moisés e, portanto, não honram a Deus.

Mais profundamente, o ser humano pode, entrando em comunhão com Jesus, santificar-se e, por conseguinte, santificar o nome de Deus com a própria vida. Isso nos sugere uma passagem significativa do Evangelho de João em que ocorre – mesmo que na versão em português haja *consagrar* em vez de *santificar* – o mesmo verbo *agiàzo* do pai-nosso: "Consagra-os (*agiàzon*) na verdade... Eu me consagro (*agiàzo*) por eles, a fim de que também eles sejam consagrados (*òsin egiasménoi*) na verdade" (Jo 17,17-19), dando assim testemunho da santidade de Deus.

A fórmula muito simples "santificado seja o vosso nome" permanece, como vocês podem perceber, um pouco misteriosa; ela reúne diferentes significados, com relação tanto à ação de Deus como à ação do ser humano: *intervém, manifesta-te*; e: *faze que também nós te louvemos, te glorifiquemos, santifiquemos o teu nome*.

Cabe a cada um de nós, quando recitamos o pai-nosso, deixar-nos arrastar pelo Espírito, saboreando um ou outro conteúdo da súplica.

Nossas atitudes

E agora, na *meditatio* e *contemplatio*, tento responder à pergunta que anteriormente havíamos nos proposto: que atitudes sugere, apoia, promove, implica o pronunciamento dessas palavras? Quem reza assim que coisa sente em seu coração quando repete essas palavras?

– Penso que antes de tudo deva brotar espontaneamente o sentimento de *louvor* e de *ação de graças* a Deus. Vem à mente o momento anterior à ressurreição de Lázaro, quando João relata: "E Jesus, levantando os olhos para o alto, disse: 'Pai, eu te dou graças porque me ouviste! Eu sei que sempre me escutas'" (Jo 11,41).

É necessário que quem reza tenha em seu coração esta tonalidade de constante agradecimento, um tom que São Paulo tornou seu em suas epístolas. Por exemplo, lembro-me do início da Carta aos Colossenses: "Damos continuamente graças a Deus, Pai de nosso Senhor Jesus Cristo, orando sempre por vós" (1,3).

É um versículo que me impressiona, porque encontrei poucos padres capazes de agradecer a Deus por sua comunidade. Eu conheci muitos que, ao contrário, reclamavam: as pessoas não respondem, não escutam, não frequentam. As razões de seu desconforto eram reais, mas eu lhes dizia: o fato de sua comunidade existir já é um milagre de Deus; o fato de que ela vive a fé evangélica, batismal, em um mundo incrédulo e pagão, é um milagre de Deus. Então, em primeiro lugar, agradeça ao Senhor por isso. É uma atitude que os apóstolos tiveram: dar graças a Deus, que chamou você à fé. Nós somos muito pecadores, muito imperfeitos, extremamente negligentes e, ainda assim, temos um dom extraordinário, muito difundido no povo cristão: a fé e a esperança. Eu gostaria que cada padre fosse cordialmente grato ao Senhor por si mesmo e por seus fiéis, orando assim: "Eu te dou graças, ó Pai, porque chamaste estes teus filhos e filhas da escuridão da ignorância para o conhecimento de ti, que és Amor".

O agradecimento por tudo aquilo que o Senhor faz com amor por nós me parece ser a atitude subjacente à invocação "santificado seja o vosso nome", que pode surgir da consciência dos dons de Deus e que sabe abundar em bênçãos, como diz a Carta aos Efésios: "[...] agradecendo sempre e por todas as coisas a Deus Pai, no nome de nosso Senhor Jesus Cristo" (Ef 5,20).

Cultivar tal atitude que nos faz elevar nossos corações a Deus é coisa muito saudável e, infelizmente, não muito presente em nossas comunidades cristãs, que geralmente, pelo menos no Ocidente, são queixosas, são voltadas sobre si mesmas, estão sempre prontas para ver o que está errado.

Qualquer pessoa que tenha lido os meus livros de exercícios nos últimos anos sabe que geralmente eu também insisto naquilo que diz respeito ao colóquio penitencial; é necessário iniciar a conversa penitencial com uma ação de graças a Deus, com um louvor ao Senhor pelo que ele tem feito por mim desde a última confissão. Quando ocorre de eu confessar as pessoas, e elas começam a apresentar seus próprios pecados, eu interrompo imediatamente e pergunto: mas você não tem nada a agradecer a Deus? E ouço uma resposta: sim, é verdade, eu tenho algumas coisas. Num instante muda a atmosfera, muda a disposição interior.

A atitude de louvor encontramos não apenas nas últimas epístolas de Paulo, mas também na primeira que ele escreveu, que é a Carta aos Tessalonicenses: "Estai sempre alegres. Rezai continuamente. Dai graças, em toda e qualquer situação, porque esta é a vontade de Deus, no Cristo Jesus, a vosso respeito" (1Ts 5,16-18).

Parece-me que é isso que a invocação do pai-nosso evoca, e nos convida a louvar a Deus, a dar graças, a querer que o Pai seja bendito por sua grandeza e que essa apareça e se manifeste com evidências claras.

Perguntamo-nos: o agradecimento é o tom "de fundo" da minha vida? Quando eu acordo de manhã, meu primeiro pensamento se volta para o Pai: obrigado, ó Senhor, porque és tão grande e bom, por que me amaste e me conservaste esta noite? E à noite agradeço pelos dons recebidos?

– Segunda linha de aprofundamento.

Pelo que dissemos tentando explicar esta palavra, parece que a santificação do nome é, sobretudo, obra de Deus, é ele que glorifica o seu nome. Disso decorre que somos convidados a *confiar-lhe o cuidado de sua glória*.

Não somos nós que temos de "inflá-la", é ele mesmo que se ocupa disso, e nós pedimos que ele a manifeste. Às vezes, nós nos comportamos como se sua glória dependesse de nós.

Lembro-me de que um ilustre teólogo de Milão, Monsenhor Pino Colombo, ironicamente dizia que às vezes parece que queremos fazer respiração artificial em Jesus Cristo para fazê-lo ressuscitar! É um erro sério, porque ele é a vida, a ressurreição, a glória.

– Uma terceira atitude muito importante pertence a quem de modo realista considera que a glória de Deus é muito pisoteada no mundo, especialmente ali onde a dignidade humana é pisoteada, e isso ocorre quase que em todos os lugares.

Nasce aqui a *oração de intercessão*, para que as situações de ambiguidade e de aparente silêncio de Deus sejam superadas; e então nos é concedido um pouco de reclamação, como, aliás, encontramos nos salmos: onde está, Senhor, a tua glória? Onde estás? Por que estás te escondendo, por que não te revelas, por que não te manifestas?

No entanto, essa pergunta deve ser feita no contexto da alegria e da confiança que descrevemos anteriormente. Muitos judeus piedosos também nos momentos mais difíceis de sua história souberam e ainda sabem hoje rezar assim: tu, Senhor, te escondes; tu, Senhor, pareces silencioso. Mostra a tua glória! Onde estás, Senhor? Faz com que possamos te ver, que todos reconheçam que és nosso rei, que cuidas de nós, que não nos abandonas.

Portanto, se assumimos bem o significado profundo do louvor a Deus, também podemos entrar na lamentação com ele, mas em espírito e atitude de fé e intercessão.

II
MEDITAÇÃO

"Perdoai as nossas ofensas assim como nós perdoamos a quem nos tem ofendido"

As notícias dos massacres que acabaram com o dia de ontem, os atentados em Israel, em Moscou e no Iraque, me levam a fazer alguma consideração sobre o contexto em que vivemos estes dias de exercícios[1].

O contexto dos exercícios

Em primeiro lugar, há um contexto biográfico, para o qual peço para refletir com as duas perguntas: como entro nos exercícios? Como eu gostaria de sair?

Esse contexto está inserido, como sabemos, no quadro eclesial, aquele de minha diocese, de minha comunidade, de minha Igreja local, da Igreja universal. E, portanto, em nossas orações devemos sempre manter essas realidades em mente.

O terceiro âmbito é o sociopolítico geral, caracterizado por três fenômenos: convivências perturbadoras, prevalência dos interesses de grupos e o absurdo do mal.

---

1. O cardeal Martini se refere a eventos da época em que esses exercícios foram feitos, isto é, no início da primeira década dos anos 2000. (N. do E.)

– Em primeiro lugar, as *convivências perturbadoras*. Hoje é cada vez mais necessária a conversão à convivência entre as diversidades e os diferentes, sem fazer guetos ou destruir-se mutuamente, e também sem usar apenas de tolerância. Na verdade, a tolerância é ainda muito pouco; é uma solução que pode parecer ótima, mas não é suficiente. Acontece uma convivência quando somos capazes de fermentar uns aos outros, e não necessariamente no sentido proselitista do termo: você se converterá à minha religião, à minha cultura, e só então faremos a unidade.

Esse horizonte de evangelização continua sendo fundamental para o cristianismo; no entanto, deve-se antes realizar uma possibilidade de estarmos próximos de modo diferente, certificando-me de que meu modo de vida aprofunde a minha autenticidade e ajude o outro a aprofundar a sua, a encontrar uma palavra que o Senhor lhe diz no profundo do coração, seja uma palavra religiosa ou não religiosa.

O diálogo entre religiões é certamente útil, mas não acho tão importante. As religiões são por natureza um sistema fixo, codificado, e, no máximo, fazem trocas de cortesias, de informações, de esclarecimentos para evitar mal-entendidos, mas permanecem tal e qual. Vemos, além disso, que nas numerosas reuniões de diálogo inter-religioso estão sempre presentes as mesmas pessoas que viajam de um continente para outro para dizer sua vontade de paz e para fazer alguns discursos.

Todavia, não basta. Devemos – repito – aprender a conviver fermentando-nos uns aos outros, cada um vivendo sua própria autenticidade, respeitando a do outro e, possivelmente, certificando-se de que o outro também seja estimulado a percorrer um caminho de maior autenticidade com respeito à própria tradição e religião.

Nessa perspectiva, precisamos, portanto, de uma autenticidade forte, não tanto como uma identidade sociocultural, sociorreligiosa, mas como identidade evangélica, porque o Evangelho é de alguma forma supraconfessional. O Sermão da Montanha, por exemplo, não tem nenhum rótulo confessional, renova a existência humana como tal e pode valer para qualquer pessoa.

Em conclusão: as situações de convivência perturbada que vemos no mundo – na Terra Santa, na Bósnia, em Ruanda, no Sudão – são a demonstração da necessidade de aprendermos a conviver entre pessoas diferentes; caso contrário, não sobreviveremos como humanidade.

– O segundo fenômeno não consiste no fato de que no contexto sociopolítico prevalece uma atenção aos *interesses de grupo*. Em nossas regiões, e ainda mais em outras regiões do mundo, o senso do bem comum está muito fraco. Existe o bem da família, o bem do clã, que em alguns países é como uma armadura de aço, e se chega a matar quando suas leis internas não são respeitadas, pois assim se pode desonrar a família. Embora seja verdade que o espírito do clã possa ter elementos positivos, ele pode constituir uma defesa dentro de uma sociedade anárquica ou autoritária.

Por outro lado, devemos caminhar em direção a um mundo em que o bem comum é o valor primeiro: não só o bem do grupo, da etnia, nem apenas o bem de uma nação, mas o bem da humanidade como um todo.

Para quebrar um contexto de interesses de grupo, o cristianismo tem muito a dizer, justamente porque propõe um bem comum, concreto, universal.

– Por fim, não devemos esquecer que ainda vivemos imersos no *absurdo do mal*. Não existem apenas homens e mulheres de boa vontade que, por acaso, por engano, por negligência, cometem alguns erros; o absurdo do mal, do mal gratuito, da crueldade procurada por si, do ídolo do sucesso, é uma realidade. De tal absurdo é fruto a cruz de Cristo, e ela é mais atual do que nunca.

Embora reconheçamos tantas nobres intenções de pacifismo, não devemos nunca esquecer que este é o contexto em que vivemos.

Neste contexto, podemos continuar a meditação sobre o painosso. E, já que buscamos nos exercícios a vontade de Deus em nossa vida, nós lhe pedimos: em um mundo dramático, conflitual, agitado pelo absurdo, como queres, Senhor, que seja o nosso agir?

Pedido de perdão

Já consideramos, meditando o pai-nosso, que é possível referir-se ao *princípio e fundamento* dos *Exercícios*. Agora proponho a vocês entrar na primeira semana dos *Exercícios*, que é a semana penitencial, a chamada via purgativa, na qual reconhecemos os nossos pecados, o mal em nós, nossas conivências com o mundanismo, nossas fraquezas, nossas fragilidades, para sermos purificados dessas coisas.

Santo Inácio oferece cinco meditações: a primeira sobre os pecados na história da salvação; a segunda sobre pecados pessoais; a terceira e a quarta como repetições da primeira e da segunda, para assim inscrever no coração do exercitante o que o Senhor lhe fez compreender; e a quinta meditação sobre a danação como o ponto de chegada do pecado.

Deixemo-nos guiar pelo espírito desta semana, em que se costuma preparar uma confissão sacramental, a fim de vivê-la talvez considerando todo o ano que se passou desde os últimos exercícios.

O pai-nosso pode nos ajudar. Invertendo a ordem das invocações, nos deteremos na petição: "Perdoai-nos as nossas ofensas assim como nós perdoamos a quem nos tem ofendido", e, nas meditações subsequentes, sobre as palavras "e não nos deixeis cair em tentação, mas livrai-nos do mal".

Talvez fiquemos maravilhados com tanto espaço reservado para o pecado no pai-nosso – de sete petições, *três* dizem respeito ao mal e ao pecado.

Jesus sabe que nossa vida está ameaçada, que ela é frágil, que se passa em um contexto de absurdidade e de pecado e que, portanto, precisa continuamente ser resgatada, defendida dessa situação.

Constantemente cada comunidade também cai nas redes da divisão, do contraste, do conflito. E Jesus nos faz compreender.

Frequentemente nós ficamos maravilhados com isso porque não entendemos em profundidade o pai-nosso, ao passo que Jesus não se surpreende.

Lembro-me do título de um livro interessante de Jean Vanier: *A comunidade, lugar do perdão e da festa*. Principalmente do perdão: na medida em que a comunidade pode ser lugar do pecado, devemos insistentemente pedir perdão por nós e perdoar aqueles que nos ofenderam.

Assim, nos deparamos com a petição: "Perdoai-nos as nossas ofensas assim como nós perdoamos aos que nos têm ofendido".

É um pedido muito importante, não apenas porque somos continuamente ameaçados pelo pecado, mas porque a obra de Jesus, o reino, é antes de tudo a libertação do pecado. Ele é apresentado assim pelo Evangelho de Mateus na revelação do anjo a José: "Maria dará à luz um filho, e tu lhe porás o nome de Jesus, pois ele salvará o seu povo dos seus pecados" (Mt 1,21). A libertação do pecado é parte integrante e substancial da sua missão. Por isso ele perdoa as nossas ofensas como nós as perdoamos àqueles que nos ofenderam.

Portanto, eu proponho a vocês que nos detenhamos na invocação do pai-nosso principalmente por meio de uma *lectio* e, posteriormente, refletindo sobre as atitudes que ela nos sugere.

Perdão gratuito

Vamos considerar cada palavra.

– O evangelista Lucas utilizou a palavra mais usual: "E perdoai-nos os nossos pecados" (Lc 11,4); porém Mateus, cuja expressão é, como já dissemos, mais arcaica e primitiva, diz: "Perdoai-nos as nossas dívidas" (Mt 6,12), e não é uma expressão usual.

Tanto na Bíblia hebraica como na grega, existem muitas palavras para indicar o pecado, a transgressão, a desobediência. Aqui ele escolhe o conceito de dívida, e nos perguntamos o motivo.

Provavelmente porque o conceito de dívida – obviamente metafórico, já que não se trata de uma dívida de dinheiro – é relacional. O conceito de pecado pode ser concebido apenas em referência à lei: existe a lei e o pecado que a transgride; há o preceito e o desvio do preceito. A dívida, por outro lado, indica uma relação com alguém. Ao falar de dívidas, Jesus nos lembra que não se trata simplesmente de nossos desvios, transgressões, erros, violações da lei, mas do rompimento de uma relação com ele.

Por isso, esta palavra é, em minha opinião, muito importante. Também pode-se traduzir corretamente como "pecado", mas entendendo o pecado precisamente como ruptura da relação com Deus.

– *"Perdoai-nos* as nossas dívidas". Nós nos confessamos incapazes de pagar essas dívidas. Poderíamos dizer: eu tenho dívidas e, mais cedo ou mais tarde, as pagarei. No entanto, as dívidas que temos com Deus não conseguimos pagá-las.

Mateus expressa isso claramente na parábola do servo sem piedade: "O reino dos céus é semelhante a um rei que resolveu ajustar contas com seus servos. Quando começou o ajuste, trouxeram-lhe um que lhe devia dez mil talentos. Como o servo não tivesse com que pagar, o senhor mandou que fosse vendido como escravo, junto com a mulher, os filhos e tudo o que possuía, para pagar a dívida. O servo, porém, prostrou-se por terra diante dele pedindo: 'Senhor, tem paciência comigo, e eu te pagarei tudo'. Diante disso, o senhor teve compaixão, soltou o servo e perdoou-lhe a dívida" (Mt 18,23-27). O patrão pede em primeiro lugar que o servo seja vendido, e depois ele acolhe a súplica de misericórdia e perdoa a dívida.

O pai-nosso supõe que nós somos assim diante de Deus: temos dívidas que não podemos pagar porque rompemos uma relação de amor e não estamos em condições de reconstituí-la com as nossas forças, se não nos for gratuitamente devolvida. "Perdoai-nos as nossas dívidas" é um pedido realmente crucial. Nós não sabemos nem mesmo a natureza de nossas dívidas. A parábola nos fala de dez mil talentos, mas, se colocarmos diante de nós o que o Senhor fez por nós, o amor com que ele nos abraçou desde a eternidade, com que nos cuidou, nos quis, nos apoiou, então nossa dívida não é sequer calculável, muito menos pagável, se ele mesmo não realizar um gesto de gratuidade, cancelando-a.

Sermos perfeitos como o pai

"*Assim como nós perdoamos aos que nos devem*" (Mt 6,12). Lucas retoma o mesmo vocabulário: "Pois nós também perdoamos a todo aquele que nos deve" (Lc 11,4).

Os exegetas ficam maravilhados com o acréscimo, observando que "*perdoai-nos as nossas dívidas*" é a única petição não simples. As outras são todas simples: seja santificado o vosso nome, venha o vosso reino, seja feita a vossa vontade, dai-nos o pão. Aqui, o esquema unitário da oração é quebrado, e os exegetas se perguntam se isso realmente faz parte da oração original ensinada por Jesus. Tudo, porém, deixa claro que sim. E é, além disso, o único pedido para o qual Jesus impõe uma condição e nos chama em causa.

A versão grega tem uma expressão muito estranha, sobre a qual os exegetas discutiram muito: "*os kaì emeìs 'aphékamen' toìs ophelétais emòn*", "como nós também *já perdoamos* aos nossos devedores".

Parece quase que primeiro tivemos de perdoar para depois podermos pedir perdão. É verdade que os exegetas costumam mitigar essa expressão dizendo que o verbo *aphékamen* é um presente perfeito, isto é, nós "*temos o costume* de perdoar". Em todo caso, o liame permanece muito íntimo.

O que essa oração então supõe? Supõe uma comunidade briguenta e dividida, em que as ofensas são recíprocas, em que há expectativas que não são correspondidas, recriminações, frustrações. E tal oração é tão forte que, como já mencionei, o único comentário sobre o pai-nosso no Sermão da Montanha é aquele adicionado no final da oração: "De fato, se vós perdoardes aos homens as suas faltas, vosso Pai que está nos céus também vos perdoará. Mas, se não perdoardes aos homens, vosso Pai também não perdoará as vossas faltas" (Mt 6,14-15). É uma condição absoluta e enfatiza que o Pai sabe muito bem que somos pobres, frágeis, que nos ofendemos mutuamente de modo muito fácil. Ele quer garantir que o seu perdão esteja sempre acompanhado pelo nosso perdão. Como nos ensina ainda a parábola de Mateus 18,28-35, nós, que recebemos muito perdão de Deus, somos chamados a fazer pelo menos o gesto de perdoar aos demais as pequenas ofensas que sofremos:

> Ao sair dali aquele servo encontrou outro servo como ele, que lhe devia cem denários. Ele o agarrou e começou a sufocá-lo, dizendo: "Paga o que me deves". O companheiro, caindo aos pés dele, suplicava: "Tem paciência comigo, e eu te pagarei". Mas o servo não quis saber. Saiu e mandou jogá-lo na prisão, até que pagasse o que estava devendo. Quando viram o que havia acontecido, os outros servos ficaram muito sentidos, procuraram o senhor e lhe contaram tudo o que havia acontecido. Então o senhor mandou chamar aquele servo e lhe disse: "Servo malvado, não te perdoei toda a tua dívida porque me suplicaste? Não devias tu também ter compaixão do teu companheiro, como eu tive compaixão de ti?". O senhor se irritou e mandou entregar aquele servo aos carrascos, até que pagasse toda a sua dívida. É assim que o meu Pai que está nos céus fará convosco, se cada um não perdoar de coração ao seu irmão (Mt 18,28-35).

Certamente este pedido é muito exigente. Frequentemente nós, povo cristão, pronunciamos isso sem perceber muito bem o que significa. Na verdade, significa muito: compromete-nos com o perdão gratuito, que é um gesto grande, difícil, às vezes heroico.

Compromete-nos com aquela atitude evangélica que não é por nada óbvia. Jesus já havia dito no Sermão da Montanha:

> Portanto, quando estiveres levando a tua oferta ao altar e ali te lembrares de que teu irmão tem algo contra ti, deixa

a tua oferta diante do altar e vai primeiro reconciliar-te com teu irmão. Então voltarás, para apresentar a tua oferta (Mt 5,23-24).

Palavras de fogo, que sempre nos envergonham quando celebramos a Eucaristia, já que nunca estamos seguros se de fato há alguém que tenha algo contra nós e talvez não tenhamos sido capazes de dar o passo da reconciliação.

A exigência de Jesus é formidável. Diante disso talvez quiséssemos dizer: se há alguém que tem algo contra mim, ele que dê um jeito. Em vez disso, o Senhor quer que façamos todo o possível para que o outro não tenha nada contra nós.

São também muito duras as palavras: *"Ouvistes o que foi dito: 'Olho por olho e dente por dente!'. Mas eu vos digo: não ofereçais resistência ao malvado! Pelo contrário, se alguém te bater na face direita, oferece-lhe também a outra! Se alguém quiser abrir um processo para tomar a tua túnica, dá-lhe também o manto!"*. Isso é o perdão. *"E, se alguém te forçar a caminhar uma milha, caminha duas com ele! Dá a quem te pedir, e não vires as costas a quem te pede emprestado. Ouvistes o que foi dito: 'Amarás o teu próximo e odiarás o teu inimigo!'. Mas eu vos digo: Amai os vossos inimigos e rezai por aqueles que vos perseguem! Para que sejais filhos do vosso Pai que está nos céus; pois ele faz nascer o seu sol sobre maus e bons e faz cair a chuva sobre justos e injustos"* (Mt 18,38-45).

Compreendemos o motivo da insistência de Jesus: porque o Pai age assim, Deus é assim e é assim glorificado. *"Sede, portanto, perfeitos como o vosso Pai celeste é perfeito"* (Mt 18,48).

Existem pessoas que, quando são vítimas de um erro grave ou sofrem uma injustiça profunda, guardam rancor por anos. O heroísmo do Evangelho é difícil, mas vivê-lo é possível. Eu conheci em Israel uma associação nascida por iniciativa de uma mãe judia cuja filha já com 14 anos participava de manifestações pacifistas. Aos 16 anos ela foi morta por um terrorista, e sua mãe, depois de sofrer muito, disse a si mesma: minha dor é tão grande que tenho que entender a dor do outro.

Assim nasceu uma associação de famílias judias e árabes que tiveram algum parente ou irmão ou filho ou pai morto pelo terrorismo ou pela guerra; elas se encontram para tornar sua a dor do outro e caminhar juntas rumo à reconciliação.

Uma estrada que pode parecer do outro mundo. E, no entanto, a experiência que tive visitando as prisões me convenceu de que essa regra é capaz de exercer sua influência no próprio sistema penal e civil, que hoje, em todos os Estados, busca formas de reconciliação, reparação, restituição, de forma a superar a justiça puramente vingativa e punitiva. Caso contrário, aumenta-se o mal, a prisão torna as pessoas piores, ensinando-as a fazer ainda mais mal. São formas já realizadas, por exemplo, na África do Sul, em que se constituiu uma Comissão para a paz, verdade e reconciliação, que promoveu gestos extraordinários a esse respeito.

A petição do pai-nosso "Perdoai as nossas ofensas, assim como nós perdoamos aos que nos têm ofendido" toca de perto cada um de nós.

Em suma, que disposições interiores isso comporta?

– O sentir-se diante do Pai que me ama infinitamente e quer me tornar uma coisa só com Jesus, que quer doar-se totalmente a mim.

– A consideração de meus pecados, minhas faltas, como insolvências de amor, amor não dado, não restituído, não contracambiado.

– O colocar-me, rezando no plural, em relação com todos os pecadores: "Perdoai-*nos* as nossas ofensas", solidarizando-nos com os pecados de toda a humanidade.

– E, ainda, o colocar-me a disposição para perdoar de coração e, acima de tudo (o que é mais difícil), perdoar aqueles que não me deram o que razoavelmente eu poderia esperar. Essa disposição também se aplica às famílias (pais, filhos, irmãos), às relações de amizade e de comunidade.

É um ensinamento tipicamente evangélico, que também encontramos nas epístolas do Novo Testamento. *"Desapareça do meio de vós todo amargor, indignação, cólera, gritos, maledicência e toda espécie de maldade"* (Ef 4,31). Amargor, quando me irrito com alguém que me ofendeu; indignação, porque não me foi dado o que eu esperava; cólera, porque eu não fui satisfeito. *"Sede antes bondosos e misericordiosos uns para com os outros, perdoando-vos mutuamente, como Deus vos perdoou em Cristo. Sede, pois, imitadores de Deus como filhos queridos. Procedei no amor, imitando Cristo, que vos amou e se entregou por nós a Deus, como oferta e sacrifício de suave perfume"* (Ef 4,32–5,2).

Muitas outras passagens poderiam ser citadas que insistem nesse ensinamento. É interessante notar que o evangelista Marcos, embora não trazendo a oração do pai-nosso, escreve: *"E, quando ficais de pé para rezar, se tendes alguma coisa contra alguém, perdoai, para que vosso Pai que está no céu perdoe também vossos pecados"* (Mc 11,25).

Sendo assim, a exortação está presente em todos os estratos do Novo Testamento, por ser algo absolutamente característico da mensagem de Jesus.

Rezar na verdade

Por fim, nos perguntamos sobre quais são as atitudes sugeridas pelas palavras do pai-nosso sobre a quais meditamos.

– Uma primeira atitude, mais rara do que deveria ser, é a *certeza de ser perdoado*. Às vezes nos arrastamos pela vida, mantendo, apesar das muitas absolvições recebidas, o medo de que o Senhor ainda esteja bravo conosco. É uma tentação de Satanás; porque, uma vez que confessamos nossos pecados, Deus nos perdoa para valer.

O Novo Testamento frequentemente nos lembra disso, por exemplo em Colossenses: *"[No seu] Filho amado, temos a redenção, o perdão dos pecados"* (Cl 1,14); e em Efésios 1,6-7: *"[E isso] para o louvor da glória de sua graça, / que nos deu no seu Filho amado; / no qual obtemos a redenção, mediante seu sangue, / a remissão dos pecados / segundo a riqueza da sua graça".*

Somos convidados a colocar nossos corações em paz, uma vez que Deus nos ama e está em paz conosco.

– Uma segunda atitude nos é recomendada, e é o *esforço para apagar todo rancor*, toda amargura, toda recriminação, que muitas vezes se aninham, ainda que não venham à tona, no fundo de nossa psique. Devemos nos esforçar para apagar tudo isso, ouvindo a palavra de Jesus no Sermão da Montanha: *"Não julgueis os outros, para não serdes julgados; porque, com o julgamento com que julgardes, sereis julgados e, com a medida com que medirdes, sereis medidos"* (Mt 7,1-2). Pede-se aqui um bom julgamento, benevolente, ao passo que nós, talvez pensando que somos bons, nos reservamos um julgamento rancoroso, que mede os outros com uma medida pequena.

– A terceira atitude é a de *entrar na misericórdia do Pai*. Lucas evoca isso de modo muito eficaz: *"Sede misericordiosos como vosso Pai é misericordioso. Não julgueis e não sereis julgados; não condeneis e não sereis condenados; perdoai e sereis perdoados. Dai aos outros e os outros vos retribuirão. Uma medida boa, socada, sacudida e transbordante será derramada em vosso avental. Porque com a medida com que medirdes sereis medidos"* (Lc 6,36-38). Em outras palavras: entrar na misericórdia do Pai significa amar-nos como Jesus nos amou (cf. Jo 13,34-35).

Por isso, peçamos, por intercessão de Maria, que esses sentimentos evangélicos cresçam em nós, de modo a expressar aquela novidade de vida, aquela fermentação mútua que nos permite estar juntos mesmo sendo diferentes e enquanto diferentes.

"PARA ISSO FUI ENVIADO"
(Homilia)

É Deus quem rega e faz crescer

"Irmãos, até agora não pude falar convosco como homens espirituais, mas como homens carnais, como recém-nascidos em Cristo. Eu vos dei leite para beber, não um alimento sólido, porque vós não podíeis suportá-lo. E nem mesmo agora vós o podeis; porque sois ainda homens carnais: uma vez que há entre vós inveja e discórdia, não sois vós carnais e não vos comportais de maneira completamente humana? Quando alguém diz: 'Eu sou a favor de Paulo', e um outro: 'Eu sou de Apolo', não vos demonstrais simplesmente homens? Mas, afinal, quem é Apolo? Quem é Paulo? Ministros através dos quais viestes à fé e cada um conforme o que o Senhor lhe concedeu. Eu plantei, Apolo regou, mas é Deus quem fez crescer. Ora, nem quem planta nem quem rega é alguma coisa, mas sim Deus, que faz crescer. Não há diferença entre quem planta e quem irriga, mas cada um receberá seu salário de acordo com seu trabalho. Porque somos colaboradores de Deus, e vós sois o campo de Deus, edifício de Deus" (1Cor 3,1-9).

Perguntamo-nos qual será a linguagem que Paulo usa ao falar a homens espirituais, se as páginas da Primeira Carta aos Coríntios já nos dão tanta dificuldade, parecem tão elevadas, mesmo que

Paulo ainda os chame de carnais! Significa que ainda temos muito que compreender sobre o mistério do reino de Deus, e somos gratos ao Senhor, ainda que possamos apenas captar algo dessas palavras que ainda não são, para nos expressarmos com as palavras do Apóstolo, o "alimento sólido" dos espirituais.

A primeira palavra que somos convidados a compreender (já vimos isso na meditação da manhã) é que existem divisões nas comunidades. Havia na comunidade de Paulo; houve em relação a pessoas de grande santidade – Paulo, Apolo, Cefas –, e por isso nunca devemos nos surpreender.

Lembro-me de que certa vez dei exercícios espirituais justamente sobre esse mesmo tema: *a utopia posta à prova de uma comunidade*. Comentei a Primeira Carta aos Coríntios, destacando a relação entre a utopia de Paulo, o seu ideal de comunidade e a realidade de uma comunidade em que havia desordens sexuais, divisões dos fiéis em grupos, problemas de desordem nas assembleias cultuais e eucarísticas.

É claro que pode haver um cristianismo ardente, forte, espiritual, livre – e este foi certamente o caso das primeiras comunidades –, mas ao mesmo tempo conturbado. É algo que nos surpreende e que só conseguimos compreender e aceitar com o tempo.

No passado avaliei com muita rigidez as divisões dentro dos mosteiros, e a partir disso alguns até mesmo se afastaram para iniciar novas experiências. Tudo me parecia muito conflituoso, não evangélico. Com efeito, percebi posteriormente que isso em grande parte é a história dos grandes mosteiros, das ordens religiosas: divisões, conflitos, personalismos, afastamentos.

Somos carnais, somos frágeis: precisamos tomar nota disso e aceitar sem nos escandalizarmos com essa situação.

Isso não significa que não devamos buscar com todas as nossas forças viver a comunhão fraterna de que Jesus nos falou e pela qual rezou (cf. Jo 17); no entanto, é importante saber que somos chamados a nos inclinarmos sempre pela unidade em uma comunidade que em alguma medida está sempre em conflito. Se reconhecermos isso, seremos felizes e não ficaremos muito assustados; agiremos de forma positiva e propositiva, aprendendo que não importa o nosso esforço, nem o de Apolo ou o de Cefas, porque *é Deus quem rega e nos faz crescer.*

Tudo o que há de bom em nossas comunidades vem do Pai.

Nós apenas prestamos alguns pequenos serviços, talvez até pisando nos calos de muitos, com muitas divisões e discordâncias, mas é o Senhor quem age e salva.

E é maravilhoso que o Senhor nos salve a partir da nossa pobreza, de modo que até o nosso pecado nos chama continuamente ao perdão ("perdoai-nos as nossas ofensas, assim como nós perdoamos a quem nos tem ofendido"), sem, contudo, esperar a conclusão desse caminho, pois amanhã teremos que perdoar novas dívidas, já que teremos novos devedores.

Esta é a vida do homem, que é assim aperfeiçoada, purificada, lixada. Devemos crescer na confiança, na misericórdia, na capacidade de ler o plano de Deus através dos acontecimentos um tanto mesquinhos e pequenos das nossas comunidades e de nós mesmos.

Um ministério livre e corajoso

"Naquele tempo, Jesus saiu da sinagoga e entrou na casa de Simão. A sogra de Simão estava com muita febre e eles suplicaram-lhe por ela. Ele se inclinou sobre ela e ordenou que a febre a deixasse, e a febre passou. Levantando-se instantaneamente, a mulher começou a servi-los. Ao pôr do sol, todos aqueles que tinham pessoas sofrendo de alguma doença as traziam até ele. E ele, impondo as mãos sobre cada uma, as curava. De muitos saíram demônios gritando: 'Tu és o Filho de Deus!'. Mas ele os ameaçava e não os deixava falar, porque sabiam que era o Cristo. Ao amanhecer ele saiu e foi para um lugar deserto. Mas as multidões o procuravam, alcançaram-no e quiseram segurá-lo para que não se afastasse delas. Contudo, ele disse: 'Tenho de anunciar também o reino de Deus às outras cidades; para isso é que fui enviado'. E ele ia pregando pelas sinagogas da Judeia" (Lc 4,38-44).

O Evangelho mostra-nos Jesus num momento exemplar e programático da sua vida: ele tem compaixão dos enfermos e os cura (a sogra de Pedro e muitos outros); proíbe o diabo de falar sobre ele, porque o testemunho deve vir do coração e da fé, e não de quem não crê; ao amanhecer ele se retira para rezar. Sempre me surpreendeu que Lucas, embora mencione muito a oração, não diga aqui que Jesus foi a um lugar deserto *para rezar*. Marcos relata isso (cf. 1,35), e Lucas provavelmente supõe isso.

Em todo caso, admiramos o gesto de liberdade de Jesus: as pessoas o procuram, querem segurá-lo, querem que ele seja sua posse exclusiva, e ele, ao contrário, é para todos, tem uma missão para todos.

Gostaria de deter-me por um momento nas palavras "para isso é que fui enviado", porque constituem a nossa força. Quando nos encontramos diante de tentações, mal-entendidos, humilhações, amarguras, devemos dizer: "Para isso é que fui enviado", aqui me encontro como sacerdote, porque com o meu sofrimento participo do sofrimento de Cristo, pelo seu corpo que é a Igreja, como diz São Paulo (cf. Cl 1,24).

Agradeçamos também ao Senhor por esta participação nos sofrimentos da sua Igreja e pela sua Igreja.

I
MEDITAÇÃO
"Não nos deixeis cair em tentação"

Vem, Espírito Santo, enche os corações dos teus fiéis e acende neles o fogo do teu amor.

Recorda-nos, ó divino Espírito, do que dissemos no início: que estes dias são para nós um ministério do Espírito, porque és tu que ages em nós. Faz com que nos deixemos guiar por ti, pelas tuas inspirações, pelas tuas consolações e mesmo pelos teus silêncios. Dá-nos a graça de estarmos totalmente disponíveis para acolher aquela vontade de Deus que tu queres que compreendamos.

Tu vês a nossa fraqueza, a minha em particular, em expressar essa vontade. Faz com que cada um de nós receba de ti a influência, a força, a alegria, a clareza para realizar o que agrada a Deus.

Maria, Mãe de Jesus, padroeira dos exercícios, ajuda-nos neste caminho.

Pecado, desordem, mundanismo

Na meditação de hoje, proponho algumas reflexões sobre o pedido "não nos deixeis cair em tentação".

É sempre útil lembrar que, nos Exercícios inacianos, a primeira semana, a que prevê a purificação, não diz respeito apenas ao pecado – a propósito do qual vale relembrar o que já especificamos:

no pai-nosso encontramos o termo "ofensa", que o coloca na perspectiva de uma relação pessoal, com o Pai, com o Filho e com o Espírito Santo.

Santo Inácio não fala apenas da purificação dos pecados, mas, no n. 63, pede três graças, em três colóquios importantes: primeiro com Nossa Senhora, depois com Jesus e com o Pai. Leio o texto.

"1º colóquio: A Nossa Senhora, para que me alcance estas três graças de seu Filho e Senhor: 1ª) que sinta um interno conhecimento de meus *pecados* e aborrecimento deles" (é a via penitencial que nós normalmente descrevemos).

"2ª) Que sinta a *desordem* das minhas ações, a fim de que, aborrecendo-a, emende-me e me ordene". Em seguida Santo Inácio nos convida a considerar a nossa vida também do ponto de vista da desordem das ações. E desordem é tudo aquilo que, sem ser necessariamente um pecado formal, especialmente pecado grave, está, entretanto, em não correspondência com o fim para o qual fomos criados e, consequentemente, joga em nossa vida um "não sei o que" de desordem, de algo não claro; desordem é aquele agir no qual somos levados a dar prazer a nós mesmos, aos nossos comodismos, aos nossos gostos, às nossas vontades, ainda que não atingindo a formalidade do pecado.

"3ª) Pedir conhecimento do *mundo*, para que, aborrecendo-o, aparte de mim as coisas mundanas e vãs". A vaidade é aquele modo de viver sem solidez, que persegue o sucesso, a boa fama, a aprovação dos outros. Sem ser um pecado formal, estraga, entretanto, o verbo da vida interior.

No segundo e terceiro colóquios, "pedirei o mesmo ao Filho, para que me alcance do Pai [as mesmas três graças]", e "o mesmo pedirei ao Pai, para que o Senhor Eterno me conceda".

Ao nos examinarmos, devemos levar em consideração seja os pecados formais, seja todas essas desordens e vaidades que constituem grande parte de nosso agir diário e que o tornam mais pesado, o ofuscam, o tornam menos feliz, mais desconfortável, menos entusiasmado, menos generoso.

Tudo isso pertence também ao tema das tentações, que têm precisamente o efeito de tornar nosso ânimo mais pesado. Podemos então refletir resumidamente sobre o sentido do pedido do pai-nosso: "Não nos induzais à tentação"[1].

Por que falar sobre a tentação?

O pedido é um pouco escandaloso em sua formulação. A Igreja vem lutando há séculos contra o aparente aspecto escandaloso dessa fórmula e tem procurado constantemente reformulá-la, expressá-la em outros termos.

Santo Ambrósio, por exemplo, traduziu: *"Não nos deixeis cair em tentação"*. Na verdade, "não nos induzais" é uma palavra muito dura, porque dá a impressão de que seja o próprio Deus a nos tentar ao mal. Nós sabemos que a Conferência Episcopal Italiana fez de tudo para mudar essa formulação na nova edição da Bíblia, substituindo-a por *"não nos abandoneis na tentação"*, para adoçar um pouco a expressão.

Em todo caso, é claro que o pai-nosso dá espaço à tentação, a torna objeto de uma petição específica. E pode surpreender que, após a menção dos pecados e do perdão recíproco, haja mais uma oração que diz respeito à libertação da tentação.

Na realidade, a tentação é uma parte importante da experiência cristã; é, na verdade, uma experiência quase diária.

Jesus avisou-nos, dizendo aos apóstolos: *"Vigiai e orai, para não cairdes em tentação; pois o espírito está pronto, mas a carne é*

---

1. Traduzido conforme o original italiano. Como se verá em seguida, a nossa tradução em língua portuguesa preferiu a versão dada por Santo Ambrósio (N. do E.).

fraca" (Mt 26,41); ao passo que ele próprio foi tentado pela tristeza e pelo medo (cf. Mt 26,37-38).

E mesmo assim ele quis começar seu próprio ministério público sujeitando-se justamente no deserto às tentações de Satanás, como contam os sinópticos: "*Então Jesus foi conduzido pelo Espírito ao deserto para ser tentado pelo diabo*" (Mt 4,1; cf. Mc 1,12-13 e Lc 4,1-2). Ele foi então submetido a outras tentações sérias, como aquela após a confissão de Pedro, quando ele chega a chamar Pedro de "Satanás" (cf. Mt 16,23 e Mc 8,33): Jesus sentia que as palavras de Pedro – "*Deus, não permita tal coisa, Senhor! Que isto nunca te aconteça!*" (Mt 16,22) – eram uma tentação grave.

Jesus também fala de tentação, e a do próprio Pedro, quando diz: "*Simão, Simão! Satanás pediu permissão para peneirar-vos*"; não somente a ele, mas a todos, para "*peneirar como se faz com o trigo*", para tentá-los chacoalhando fortemente, de modo a dar medo; "*porém, orei por ti, para que tua fé não desfaleça. E tu, uma vez convertido, confirma os teus irmãos*" (Lc 22,13-32). Ele prevê uma forte tentação para os apóstolos, uma queda de Pedro, salvando, porém, a fé, e então um arrependimento e confirmação dos irmãos.

Se uma tentação é uma parte importante da vida cristã, procuremos entender o que significa "não nos induzais em tentação" ou "não nos deixeis cair em tentação" ou "não nos abandoneis à tentação".

Cinco tipos de tentações

Em primeiro lugar, é claro que "não nos induzais" não significa que Deus tente para o mal, mas que ele permite a tentação como parte de nossa experiência, que de algum modo nos é necessária para crescermos na fé, na esperança e na caridade.

Naturalmente é uma armadilha na qual o tentador, Satanás, faz de tudo para nos fazer cair. E nós pedimos para sermos libertados dessa armadilha, que é muito real e perigosa, mesmo se passamos ao lado, se procurarmos evitá-la.

De que tentação se está falando? Os exegetas há muito tempo vêm discutindo sobre isso. Há os que interpretam de maneira escatológica o pai-nosso e acreditam que se trate da tentação por excelência, ou seja, a escatológica, que diz respeito ao fim dos tempos, que imaginam estar perto. E disso fala o Novo Testamento. Lemos, por exemplo, na Segunda Carta aos Tessalonicenses: "*Então, ele se revelará, o ímpio, e o Senhor Jesus o destruirá com o sopro de sua boca e o destruirá em sua vinda gloriosa. Ora, o aparecimento do ímpio será acompanhado pela influência de Satanás, com toda espécie de milagres, sinais e prodígios enganadores, e com todas as seduções da iniquidade para aqueles que que se perdem, pois não acolheram o amor da verdade [...], mas se comprouveram na iniquidade*" (2,8-12). Palavras terríveis a respeito da tentação final, a última ação de Satanás.

O próprio Mateus fala disso no discurso escatológico: "*Hão de surgir muitos falsos profetas, que enganarão muita gente. A maldade se espalhará tanto que o amor de muitos esfriará*" (24,11-12).

Existe realmente essa ameaça misteriosa, da qual, com razão, o fiel pede para ser libertado, preservado, salvo, resguardado.

Essa interpretação escatológica não é mais considerada atual por muitos que remetem a fórmula do pai-nosso às tentações de que está composta a vida do fiel; e essas são numerosas.

Posso evocar cinco delas, para ajudar vocês a refletir sobre a multiplicidade de outras tentações que podem ser atuais para cada um de nós, conforme as provas que o Senhor permite. Penso na *sedução*, na *contradição*, na *ilusão*, no *silêncio de Deus*, na *insignificância de Jesus*.

• A *sedução*. A sedução é sermos atraídos para o mal – sensualidade, inveja, orgulho, dominação, crueldade, vingança, violência –, um mal que se apresenta como tal (mesmo se é verdade que sempre consentimos com o mal porque este se nos figura com alguma aparência de bem).

Às vezes, a sedução é tão forte que Satanás parece entrar em nós, invadindo nossa psique e nosso corpo; então corremos o risco de nos comportarmos com uma perversidade que nunca teríamos imaginado. Temos de saber como nos preservar disso, e isso é relativamente fácil, precisamente porque visa ao mal: sensualidade, sexualidade desordenada, pornografia, inveja, maledicência, vingança, prepotências, mentiras que causam danos graves, roubos e assim por diante. Tudo isso faz parte da experiência humana.

No Evangelho de Marcos, encontramos uma lista bem calibrada desses desvios, uma lista que, em minha opinião, era uma espécie de compêndio de teologia moral para o catecúmeno. Visto que ele era convidado a fazer um exame de consciência profundo e a mencionar, chamando por nome, os defeitos e vícios que mais o tentavam.

"Quando Jesus entrou em uma casa, longe da multidão, os discípulos lhe faziam perguntas sobre o significado dessa parábola. Ele lhes disse: 'Também vós não entendeis? Não compreendeis que tudo o que entra de fora na pessoa não a torna impura, porque não entra em seu coração, mas em seu estômago, e vai para a fossa?'. Assim, ele declarava puro todo alimento. E acrescentou: 'O que sai da pessoa é que a torna impura. Pois é de dentro, do coração humano, que saem as más intenções: imoralidade sexual, roubos, homicídios, adultérios, ambições desmedidas, perversidades; fraude, devassidão, inveja, calúnia, orgulho e insensatez. Todas essas coisas más saem de dentro, e são elas que tornam alguém impuro'" (Mc 7,17-23).

Somos convidados a questionar-nos sobre nosso coração, uma vez que "essas coisas más" estão todas dentro de nós, mesmo no nosso subconsciente ou inconsciente, e muitas vezes não irrompem porque não houve a ocasião.

Podemos ver que, como as nove intenções, as nove maldades estão divididas de três em três.

As primeiras são mais óbvias: fornicações, roubos, homicídios. As três seguintes estão mais nas sombras: adultérios, ambições desmedidas, perversidades. Ainda mais dentro do coração estão a fraude, a devassidão e a inveja. Por fim calúnia, orgulho e insensatez, talvez as mais "eclesiásticas", porque muitas vezes também infestam o jardim ou a horta da Igreja.

Então, essas são as seduções. E devemos levar isso em consideração, refletir a respeito, justamente porque todos estamos sujeitos a elas.

• O segundo tipo de tentação é a *contradição*. Toca-nos quando, fazendo o bem, nos encontramos em um ambiente que nos critica, nos impede, coloca um obstáculo instransponível, nos provoca, nos bloqueia. Devemos então ter muita paciência, muita perseverança e muita humildade. Muitas vezes, nossas tentações são justamente contradições, que talvez venham até nós da própria comunidade cristã, das pessoas que pensávamos serem mais próximas, mais atentas, e, em vez disso, elas não entendem, opõem-se a nós, riem de nós, apagam-nos.

• O terceiro tipo de tentação é a *ilusão*, é fazer algo que parece um bem, mas de que nada de bom deriva.

Essa é talvez a tentação mais frequente das pessoas boas, daquelas que servem a Deus generosamente, porque o diabo as tenta empurrando-as, por exemplo, no caminho da penitência, da austeridade, sob o pretexto da pobreza, da autenticidade, da sinceridade, da justiça, e as faz realizar obras erradas. Elas se iludem de ser sabe lá Deus quem, mas atropelam as regras mais comuns do viver honesto, precisamente sob a bandeira da pureza, do rigor, da radicalidade evangélica, e se perdem facilmente.

O diabo – adverte Santo Inácio – tenta acima de tudo *sub specie boni*, sob o pretexto de bem, incentivando a fazer sempre melhor, para então se chegar a conseguir em mãos um punhado de moscas, para fazer um vácuo em torno a si, para destruir uma comunidade, começando com as intenções aparentemente boas.

• Muito grave é a quarta tentação: *o silêncio de Deus*, um silêncio que faz o ser humano questionar: por que, Senhor, te escondes? Por que não falas? É a tentação experimentada na *Shoá*, no holocausto, pelo povo judeu, que ainda hoje se pergunta: por que Deus não interveio? E a tentação nos assalta toda vez que esperamos que Deus venha ao nosso encontro e nos sentimos sozinhos, abandonados, privados daquela ajuda que esperávamos.

O silêncio de Deus também é uma tentação que toca as pessoas mais avançadas no caminho espiritual.

• A última tentação, ligada em certo sentido à anterior, é de natureza social. Eu vejo isso claramente em Israel, onde os cristãos são poucos e não têm importância pública, mas está também presente em nossos países ocidentais, especialmente onde o cristianismo não tem relevância social ou a está perdendo. É *a insignificância de Jesus*.

Se tudo se constrói segundo parâmetros econômicos, políticos e culturais que não levam em consideração Jesus, considerando-o no máximo um enfeite para árvores de Natal; se, no âmbito da mídia de massa e de entretenimento, uma vida pública em geral se desenrola como se Deus não existisse, muitos cristãos cedem a essa tentação forte, que os faz viver uma vida dupla: na paróquia rezam, mas fora da paróquia é como se Jesus não existisse.

Já recordei em outras ocasiões o testemunho de um padre espiritual alemão, que em seu 50º ano de sacerdócio respondeu aos que o interrogavam sobre sua experiência como padre: a maior prova desses cinquenta anos não foi, para mim, nem a Segunda Guerra Mundial, nem o nazismo, mas o fato de que as pessoas se afastaram da Igreja, e até as comunidades cristãs mais fervorosas se reduziram rapidamente a poucas pessoas.

É uma provação pela qual nos é pedido passar, justamente porque lá também o Senhor está presente. É uma tentação que requer um aumento de fé. Por esse motivo, desde sempre insisto na necessidade de praticar a *lectio divina*, que continuamente regenera a fé.

Se tivermos essa riqueza interior – que a Palavra de Deus, meditada dia após dia, constrói e reconstitui –, podemos então enfrentar até mesmo um exército, podemos inclusive enfrentar a total solidão.

Eu gostaria de sugerir a leitura da Primeira Carta de Pedro, para entender melhor como acontece a superação dessa tentação tão perniciosa que é o sentido da insignificância do cristão. É uma carta escrita a fiéis que vivem em condições de diáspora e exclusão social e são continuamente tentados a dizer: somos pobres, não valemos nada.

E Pedro, de forma admirável, reconstrói neles o orgulho de serem cristãos, a alegria de sê-lo mesmo na humilhação, na insignificância, na prova, no sofrimento, mostrando que justamente nessa situação o Evangelho se torna a realidade, o reino vem, Jesus triunfa.

Fugir das ocasiões

Gosto de adicionar mais uma nota à reflexão sobre a petição "não nos deixeis cair em tentação".

Parece-me que eu posso me expressar assim: assim como o perdão dos pecados ("perdoai-nos as nossas ofensas") está relacionado ao perdão mútuo das injustiças sofridas ("perdoai-nos as nossas ofensas assim como nós perdoamos aos que nos têm ofendido"), da mesma forma a defesa contra a armadilha do inimigo, que é a tentação, está ligada, em virtude das Palavras de Jesus, à fuga das ocasiões de pecado. Não está dito no pai-nosso e, no entanto, me parece implícito: "não nos deixeis cair em tentação" equivale, de nossa parte, à nossa tentativa de evitar as ocasiões de pecado.

Afinal, isso é repetido pelo menos duas vezes com muita força dentro de um contexto. Em primeiro lugar, no Sermão da Montanha: "*Se teu olho direito te leva ao pecado, arranca-o e atira-o longe de ti, porque é preferível que percas um dos teus membros do que todo o teu corpo ser lançado à Geena. Se a tua mão direita te leva a pecar, corta-a e atira-a para longe de ti. É preferível que se perca um só dos teus membros do que todo o teu corpo seja atirado à Geena*" (Mt 5,29-30). O contexto é o do adultério e da santidade da vida conjugal: "*Todo aquele que olhar para uma mulher com o desejo de possuí-la já cometeu adultério com ela em seu coração*" (Mt 5,27-28). É claro que aqui está colocada uma exigência radical de fugir das tentações que, portanto, pode estar bem relacionada à petição "não nos deixeis cair em tentação".

Essas são palavras que voltam tal e qual no chamado "sermão eclesial" do capítulo 18, em que Mateus diz: "*Se tua mão ou teu pé te leva ao pecado, corta-o e atira-o para longe. É melhor entrares na vida estropiado ou coxo do que, com duas mãos ou dois pés, seres lançado ao fogo eterno. Se teu olho te leva ao pecado, arranca-o e atira-o para longe. É melhor entrares na vida tendo um olho só do que, com os dois olhos, seres lançado na Geena de fogo*" (Mt 18,8-9).

É um dos raros casos em que uma segunda frase é repetida identicamente duas vezes, em dois lugares diferentes do mesmo Evangelho. Isso significa que é de grande importância para Jesus e para a pregação primitiva. E, se o primeiro contexto é o de adultério, da santidade do casamento, o segundo contexto é o do escândalo dos pequeninos. Com efeito, este precede imediatamente a palavra: "*E, quem acolher em meu nome uma criança como esta, é a mim que acolherá. Mas seria melhor, para quem fizesse cair em pecado um só destes pequeninos que creem em mim, que lhe amarrassem ao pescoço uma grande pedra de moinho e o atirassem no abismo do mar*" (Mt 18,5-6). Palavras muito duras que talvez, ao lê-las, nos pareçam abstratas, mas que, no entanto, são muito realistas, muito atuais; pensemos, por exemplo, nos muitos escândalos destes últimos anos, nos casos de pedofilia.

Ó Senhor Jesus, tu que perscrutas nossos corações e conheces nossas fragilidades e nossas fraquezas, apoia-nos nas provações que encontramos no caminho de fé.

Sabemos que com a tua ajuda podemos resistir às tentações. Concede-nos acreditar que estás sempre perto de nós, para que não nos sintamos sozinhos, mas que perseveremos na esperança.
Faz que não diminua em nós a certeza de que, como nos ensina Paulo (cf. 1Cor 10,13), Deus é fiel e não permitirá que sejamos tentados além de nossas forças se, como filhos, nos abandonarmos confiantes em suas mãos paternais.

II

MEDITAÇÃO

"Mas livrai-nos do mal"

"*Ninguém conhece o Filho senão o Pai, e ninguém conhece o Pai senão o Filho e aquele a quem o Filho o quiser revelar*" (Mt 11,27).

Essas palavras nos convidam a rezar: *Faze-nos conhecer, ó Pai, teu Filho Jesus. Nós tentamos conhecê-lo por meio do pai-nosso que ele nos ensinou, porque temos certeza de que nessa oração ele colocou todo o seu coração, tudo aquilo com o que ele se preocupa, tudo aquilo que é importante para ele e que quis nos comunicar. Deixa-nos conhecer, ó Pai, sua consciência íntima, para sermos iluminados, esclarecidos, ordenados internamente.*

Também pedimos a ti, ó Pai, por meio de teu Filho, para que possamos conhecer a ti, que ninguém conhece, senão aquele a quem o Filho te revela. E ele também te revela por meio desta oração.

Faze-nos conhecer a tua vontade sobre nós, para acolhê-la e abraçá-la, para que possamos abraçar as nossas cruzes, de qualquer tipo que estas sejam, porque fazem parte do teu desígnio de amor para nós.

Maria, nossa Mãe e Mãe da Igreja, interceda por nós, ela que se abandonou à tua vontade, ó Pai, com as palavras: "Faça-se em mim segundo aquilo que disseste" (cf. Lc 1,38).

Permite-nos unir-nos a Maria em sua dedicação à tua vontade, para encontrar a alegria plena e a alegria para o mundo. Amém.

"Arranca-nos" da pecaminosidade

Nesta meditação, refletiremos sobre a invocação "mas livrai-nos do mal". De acordo com o Padre Ledrus, para entender o pai-nosso, é pedagogicamente melhor começar pelo último pedido, pois é algo de que temos uma maior experiência. Mesmo se ontologicamente, e do ponto de vista dos valores, o pai-nosso possua uma estrutura própria que começa lá no alto e vai descendo, em direção ao baixo, isto é, começa do nome de Deus e vai até o mal.

Proponho em primeiro lugar uma *lectio*, palavra por palavra, e, em seguida, faremos uma *meditatio* na tentativa de responder às duas perguntas: de que maneira atuam o mal e o Maligno em nós? E como resistir ao Maligno?

• A expressão "mas livrai-nos do mal", como sabemos, não se encontra em Lucas; e aqui começa o desfile de interpretações exegéticas: foi Lucas quem a omitiu ou foi Mateus quem a acrescentou? E por qual motivo ela começa com um "mas"?

Claramente é um "mas" *explicativo*, e não adversativo, uma vez que a petição "não nos deixeis cair em tentação" é negativa, ao passo que "livrai-nos do mal" está formulada em positivo, e as duas petições estão ligadas por meio de um "mas".

No entanto, surge outra questão: "livrai-nos do mal" é simplesmente outra maneira de dizer "não nos deixeis cair em tentação" – isto é, é um paralelismo sinonímico – ou acrescenta algo, querendo ser quase uma conclusão concisa do pai-nosso?

Uma indicação pode ser dada se considerarmos o verbo "livrai-nos".

• *"Livrai-nos"*. O verbo grego (*rysai*) é mais significativo, porque significa "arrancai-nos" do mal. Fornece a imagem, por exemplo, de alguém que, estando na boca de um leão, é arrancado de seus dentes. João Evangelista é certamente mais brando, visto que, ao relatar a esplêndida oração de Jesus ao Pai, usa um verbo mais brando: "Eu não rogo que os *tires* (*àres*) do mundo, mas que os guardes do Maligno" (Jo 17,15), como se o ataque do inimigo ainda não tivesse ocorrido; e quase se pode parafrasear a sentença dizendo: "Não os deixeis cair em tentação". Em vez disso, "livrai-nos, arrancai-nos do mal" é um grito que supõe alguém que já está entre as presas do leão.

Talvez o exemplo mais dramático do uso do verbo *ryomai* possa ser encontrado em Mateus 27,43. Jesus está na cruz, e os anciãos, os sumos sacerdotes e as pessoas zombam dele: "Confiou em Deus; que ele o *livre* (*rysàstho*) agora, se é que o ama!". Jesus já está na cruz, e "libertá-lo" significa separá-lo, arrancá-lo da cruz.

Encontramos outra ocorrência desse verbo no *Benedictus*: "Assim ele mostrou misericórdia para com os nossos pais e se lembrou de sua santa aliança, do juramento que fez a nosso pai Abraão, de nos conceder que, sem temor e libertados (*rysthéntas*) das mãos dos nossos inimigos, nós o sirvamos em santidade e justiça, em sua presença, todos os nossos dias" (Lc 1,72-75). É como se estivesse dizendo que os inimigos não são uma ameaça distante, mas já estamos em suas mãos.

E de novo em uma exclamação dramática de Paulo, no final da Carta aos Romanos: "Infeliz que eu sou! Quem me *libertará* (*rysetai*) deste corpo destinado à morte?" (7,24). Eu estou dentro de um corpo que me leva para a morte, para o pecado, para a degradação; devo ser arrancado dele.

Parece-me, portanto, que a palavra "livrai-nos" acrescenta algo em relação ao pedido "não nos deixeis cair em tentação": da tentação podemos ser preservados, mas, quando estamos nas garras de Satanás, precisamos ser arrancados, ser libertados da maldade que nos circunda por todos os lados, que nos seduz, nos envolve, nos oprime. É realmente um grito muito sentido e ecoa nos salmistas. Penso nos salmos do enfermo, do prisioneiro, do derrotado, que pedem para ser puxados para fora da fossa, para não serem deixados à mercê do inimigo.

Esse é o significado do verbo "livrai-nos".

• A outra palavra é "*do mal*", *apò tou poneroù*.

Em primeiro lugar, não há aqui alusão ao mal filosófico, ao mal abstrato (*o kakòn*), difícil de definir. *Apò tou poneroù* se refere a sermos libertos da *maldade*, da malvadeza, daquilo que é mau. E pode ser considerado masculino ou neutro, portanto: do malvado, do Maligno; mas também: da maldade, da malvadeza.

Na longa história da Igreja, sempre nos perguntamos: é preciso entender "livrai-nos do mal" ou "livrai-nos do Maligno"?

A Conferência Episcopal Italiana, depois de tantos prós e contras, escolheu para a sua nova tradução da Bíblia um meio termo, em que "Mal" é escrito em maiúsculo ("livrai-nos do 'Mal'"), de modo que se podem compreender ambos os significados.

Entretanto, o problema persiste.

Existem vários exemplos no Novo Testamento da palavra usada no neutro (*to poneròn*). Um exemplo particularmente denso é o da Carta aos Romanos: "Que o amor seja sincero. Fugi do *mal* (*to poneròn*) com horror, apegai-vos ao bem" (Rm 12,9). Está claro o contraste entre bem e mal, e é indicado que *to poneròn* deve ser entendido no sentido de maldade, malvadeza. Estes, por sua vez, têm certamente um referente misterioso e obscuro (Satanás, o adversário), mas não é fácil distingui-lo da malignidade que se introduziu no mundo e que atua dinamicamente, envolvendo-nos. Há tantos outros casos semelhantes no Novo Testamento, e seria possível, portanto, presumir que o *tou poneroù* do pai-nosso é neutro.

No entanto, também pode ser considerado como masculino – e, sendo singular, pode claramente ser aplicado somente a Satanás. Várias vezes no Novo Testamento se usou o plural, o que torna mais clara a interpretação masculina – "livrai-nos dos homens maus".

Alguns versículos da Segunda Carta aos Tessalonicenses são interessantes: "De resto, irmãos, rezai por nós, para que a Palavra do Senhor se espalhe e seja glorificada como acontece entre vós, e também para que nos livremos (*rysthòmen*) dos homens perversos e malvados (*apò ton atòpon kai poneròn anthròpon*), visto que não a todos é concedida a fé. Mas o Senhor é fiel: ele vos confirmará e vos guardará do Maligno (*apò tou poneroù*)" (2Ts 3,1-3). É possível que aqui ele se refira ao Maligno, a Satanás.

A resposta para a pergunta permanece incerta. Da minha parte, considero muito mais provável pensar primeiro nas forças da maldade, talvez até mesmo desencadeadas por Satanás, mas agora são uma avalanche que percorre o mundo. E como não pensar em certas cenas nas ocupações, nas guerras, especialmente em outros continentes, nos estupros em massa na Bósnia, nas ações atrozes dos terroristas chechenos nestes mesmos dias? É o prazer de fazer o mal, é a maldade pura, é a crueldade.

Por outro lado, há outra hipótese que me parece interessante e que é própria do Padre Ledrus, que em seu livro escreveu: "O 'mal' de que pedimos a Deus que nos arranque deve ser entendido em toda a sua extensão: o mal moral, o pecado, o Maligno".

E acrescenta: "O mal supremo, seja no tempo seja na eternidade, é a consciência má. A consciência má é, por si só, a própria punição imanente mais justa: uma autocondenação, a apostasia, o claro distanciamento de Deus, que é supremo bem, e a instalação do demônio na alma, como no próprio templo" (op. cit., 43).

É uma interpretação que me surpreende e, ao mesmo tempo, me atrai. Ele entende por "mal" a má consciência, o prazer de estar imerso na perversidade e de tramar planos para torná-la mais e mais difundida. Essa consciência má já é uma punição em si mesma, porque oferece remorsos, perturba, torna-nos neuróticos e loucos. E não é um fenômeno tão raro. Existem pessoas, mesmo na esfera religiosa cristã, que se deixaram levar de tal modo pela amargura, pelo desgosto, pelo ceticismo, que caíram no gosto pelo mal e encontraram satisfação, por exemplo, em escrever cartas anônimas, em denunciar as pessoas, em arruinar as reputações das pessoas.

Ledrus acrescenta: "Não diz: livrai-nos dos 'males', porque, absolutamente falando, há apenas *um* mal, a *danação*, a apostasia definitiva dos filhos em relação ao seu Pai" (ibid.).

Podemos ver isso contemplando a Paixão de Jesus. Alguns teólogos acreditam que, quando ele grita "meu Deus, meu Deus, por que me abandonaste?", ele tocou o fundo do mal, ele entrou numa situação semelhante à dos danados ao inferno, que se separaram de Deus. Pode-se ser "danado" também nesta vida, no sentido de um total distanciamento de Deus. E o autor continua: "Os outros males permanecem relativos; até mesmo o pecado específico do qual eventualmente podemos dizer 'o *felix culpa*'. Mas a danação se junta em uma só coisa com tudo aquilo que nela participa ou a ela conduz; e, nesse sentido, todos os males do ser humano formam um bloco aqui, uma vez que são resultado do pecado e expressam a sentença de condenação que pesa sobre a humanidade" (ibid., 43-44).

Algo semelhante à leitura que alguns fazem do "mal" da conclusão do pai-nosso como o oposto da primeira parte da oração: Deus não é santificado, o reino não vem, a vontade de Deus não é feita. Ainda: "O mal, portanto, do qual se fala nesta petição não se refere propriamente ao pecado cometido. Do pecado cometido somos libertos, justificados com o perdão divino implorado na quinta petição: 'Perdoai-nos as nossas ofensas'. A sétima petição se refere praticamente à *pecaminosidade*, ao que conduz ao pecado, à malícia, à corrupção da 'árvore má', sobre a qual não podem crescer senão frutos falsos, obras más. [...] Portanto, aqui nós pedimos por libertação, salvação da hostilidade do diabo, não isoladamente, mas considerada junto com os outros dois inimigos da nossa salvação: o 'mundo' e a 'carne', acólitos do demônio" (ibid., 44).

São esforços para compreender totalmente o significado misterioso da palavra "mal", que testemunham sua riqueza e a importância fundamental para a nossa experiência.

Os enganos do Maligno

Neste momento da *meditatio*, tentamos responder às perguntas: como o Maligno atua, entendido aqui tanto como Satanás quanto como a maldade que dele deriva? E como resistir ao Maligno? E como age em nós o bom espírito? A esse respeito, gostaria de remeter às Regras para o discernimento de espíritos, encontradas nos *Exercícios Espirituais* de Santo Inácio de Loyola, e oferecer a vocês um breve resumo delas. Ele as propõe ao exercitante para ensiná-lo a discernir seus movimentos internos. Desse modo, distinguindo quais são as sugestões do inimigo e as sugestões do Espírito, ele será capaz de entender a vontade de Deus para si mesmo e realizá-la. Assim, essas regras são muito valiosas àqueles que fazem um caminho espiritual.

O Maligno age principalmente de quatro modos.

– Em primeiro lugar ele *seduz*. Na Primeira Regra, Santo Inácio escreve: "[...] costuma normalmente o inimigo propor-lhes prazeres aparentes, fazendo com que imaginem deleites e prazeres sensuais, para que mais se conservem e cresçam em seus vícios e pecados" (EE 314).

Acrescento que, muitas vezes, a sedução está ligada à ilusão. Lembro o exemplo de um comportamento frequente hoje: eu fico à noite assistindo à televisão, entro na internet para procurar programas pornográficos e digo a mim mesmo: não o faço para minha sensualidade, mas porque quero entender que imagens estão vendo os nossos jovens. Aparentemente é uma boa razão, e Satanás seduz com esse pensamento, uma vez que geralmente ele nos envolve e nos sobrecarrega com razões aparentes. Já havíamos mencionado isso quando falamos sobre o primeiro tipo de tentação, a sedução.

– Especialmente aquele que caminha pelo caminho da verdade e do Evangelho é atacado pelo Maligno com a tristeza. "É próprio do mau espírito causar tristeza e remorsos de consciência, levantar obstáculos e perturbar [as pessoas] com falsas razões para as deter no seu progresso" (EE 315), sugerindo que não somos capazes, que para nós é demais, que não aguentamos mais. Esse é o modo comum de agir do Maligno com quem tenta caminhar bem, com quem tenta viver o Evangelho: *entristece-nos*, fazendo-nos perder a coragem, perder altitude, infundindo tristeza e melancolia.

Santo Inácio descreve bem essa desolação espiritual que obscurece a alma, inclinando-a para as coisas baixas, terrenas – quase um gosto pela sensualidade –; perturba a alma com vários tipos de agitações e tentações – perda de pontos de referência, confusão, desordem –, a torna desanimada, sem esperança, sem amor, preguiçosa, morna e separada do seu Criador e Senhor (cf. n. 317). Essa é ação típica do espírito do mal que está nos agitando, e é absolutamente indispensável saber reconhecê-la e chamá-la pelo nome.

– Outra ação do espírito maligno é *assustar*. Santo Inácio escreve na Regra XII: "Pois é próprio da mulher, quando disputa com algum homem, perder a coragem e pôr-se em fuga, quando este lhe resiste francamente. Pelo contrário, se o homem começa a temer e a recuar, crescem sem medida a cólera, a vingança e a ferocidade dela. Do mesmo modo, é próprio do inimigo enfraquecer-se e perder o ânimo, retirando suas tentações, quando a pessoa que se exercita nas coisas espirituais enfrenta sem medo as suas tentações, fazendo diametralmente o oposto. Ao invés, se a pessoa que se exercita começa a ter medo e a perder o ânimo ao sofrer tentações, não há animal tão feroz sobre a face da terra como o inimigo da natureza humana, na prossecução de sua perversa intenção com tão grande malícia" (EE 325). De fato, quando alguém está assustado, hesitante, incerto, é facilmente esmagado pelo diabo.

– O espírito do mal, portanto, seduz, entristece, assusta; e, ainda, *oculta, esconde*. "Quando o inimigo da natureza humana apresenta suas astúcias e insinuações à alma justa [especialmente sob o pretexto de bem], quer e deseja que sejam recebidas e guardadas em segredo. Mas, quando a pessoa tentada as descobre a seu bom confessor ou a outra pessoa espiritual, que conheça seus enganos e malícias, isso lhe causa grande pesar, porque conclui que não poderá realizar o mal que começara, uma vez que foram descobertos seus enganos evidentes" (EE 326).

Não é por acaso que sempre recomendo, especialmente aos jovens sacerdotes, confiar-se a alguém para partilhar, expressando suas próprias paixões, emoções, confusões, porque assim somos ajudados a nos esclarecermos.

– A essas quatro maneiras de agir do Maligno, adiciono uma quinta: o inimigo *domina nossas fraquezas* físicas e psíquicas; devemos, por isso, ter muito cuidado, estar muito atentos.

É obra de Satanás fazer-nos dizer: "Vamos dormir o mais tarde possível". Assim ele pode tirar vantagem do nosso cansaço físico, do nosso nervosismo, de nossa irritação, principalmente de todas as formas de depressão e vazio mental; quando ele percebe que estamos deprimidos, ele corre em nossa direção e nos esmaga.

É necessário, por isso, compreender a linguagem corporal e ter em mente que, quando estamos cansados, nervosos, inquietos, quando estamos um pouco exaustos ou angustiados, não devemos seguir nossas inclinações e nossos pensamentos, porque eles podem ser negativos e enganosos.

Com a ajuda das Regras de Santo Inácio, tentamos descrever algumas maneiras de o Maligno agir em nós.

Resistir ao Maligno

Somos aliados do Espírito de Deus, o Espírito Santo, e da tradição da Igreja. Se não tivéssemos esses aliados, nos perderíamos. Portanto, é extremamente necessário saber reconhecer em nós a ação do bom Espírito. A esse propósito, eu recomendo a vocês duas regras.

– Devemos *ouvir o Espírito que consola*. Diz Santo Inácio na Regra II: "É próprio do bom espírito dar [às pessoas] coragem, forças, consolações e lágrimas, inspirações e paz, facilitando-lhes o caminho e desembaraçando-o de todos os obstáculos, para as fazer avançar na prática do bem" (EE 315). Dessa força positiva flui a serenidade e a facilidade. O anjo das trevas sussurra para nós: como podemos retirar a pedra da entrada do túmulo? Como faremos se os soldados não nos ajudarem? Mas de repente o anjo bom vem e então rola a pedra para longe.

E, de novo, é justamente a ação de nosso aliado na produção de bens em nós: "Chamo consolação quando na alma se produz alguma moção interior, pela qual ela vem a se inflamar no amor do seu Criador e Senhor e, consequentemente, quando a nenhuma coisa, criada sobre a face da terra, pode amar em si, senão no Criador de todas elas" (EE 316). É a chamada *consolação espiritual*, é a ajuda que Deus nos dá para derrotar Satanás.

"Chamo consolação a todo aumento de esperança, fé e caridade e a toda alegria interior que eleva e atrai para as coisas celestiais e para sua [da alma] salvação, tranquilizando-a e pacificando-a em seu Criador e Senhor" (ibid.).

Tudo que dá fôlego, facilidade, serenidade, que resolve os problemas, é obra do bom espírito.

Devemos sempre lembrar que nossa existência é caracterizada por uma situação de conflito na qual estamos imersos. Não é um caminho evolutivo tranquilo, de bom para melhor; é uma luta, e é de importância fundamental conhecer seus componentes.

– Em segundo lugar, *o bom espírito nos convida a resistir.*

É imprescindível, nos momentos difíceis, manter-se firme: "No tempo da desolação, não se deve fazer mudança alguma [a regra de ouro!], mas permanecer firme e constante nos propósitos e determinações em que se estava no dia anterior a esta desolação, ou nas resoluções tomadas antes, no tempo da consolação" (EE 318). Infelizmente, muitas vezes se fazem escolhas no momento de confusão, de perturbação, de amargura, que acabam se revelando erradas. "Porque, assim como na consolação é o bom espírito que nos guia e aconselha mais eficazmente, na desolação nos procura conduzir o mau espírito, sob cuja inspiração é impossível achar o caminho que nos leve a acertar" (EE 318). São palavras a serem inscritas no fundo do coração: nós temos a graça para resistir à tentação, ao espírito do mal, com a ajuda de Deus.

Termino enfatizando que uma consideração realista e não idílica da realidade nos faz entender como estamos imersos no mistério do mal, que não se explica apenas pela nossa fragilidade ou pela fraqueza humana, pelos nossos erros. É o prazer de fazer o mal, de fazer sofrer, é a pura maldade. E não sabemos como explicar isso de modo direto, precisamente porque o mal é o absurdo – mencionamos isso quando falamos do contexto de mal em que vivemos e que devemos ter em mente nestes dias de exercícios. Talvez possamos entender algo desse mistério contemplando a cruz de Cristo. E enquanto, olhando para o Crucifixo, percebemos pelo menos um pouco da enormidade e perversidade dos desvios de todo tipo que assolam o mundo, podemos exclamar: "Senhor Jesus, tu venceste, superaste todas essas maldades, e nós estamos certos de que, com tua graça, seremos capazes de vencê-las e de superá-las!".

CONFIANÇA ILIMITADA NA PALAVRA
(Homilia)

Um testemunho pessoal

"Naquele tempo, tendo se levantado, enquanto estava à beira do lago de Genesaré e a multidão se aglomerava ao seu redor para ouvir a Palavra de Deus, Jesus viu dois barcos atracados na margem. Os pescadores haviam descido e lavavam as redes. Subiu em um barco, que pertencia a Simão, e pediu-lhe que se afastassem um pouco da terra. Sentando-se, do barco ele começou a ensinar as multidões.

Quando terminou de falar, disse a Simão: 'Faze-te ao largo e lança as tuas redes de pesca'. Simão respondeu: 'Mestre, trabalhamos a noite toda e não pegamos nada; mas na tua palavra lançarei as redes'. E, tendo feito isso, pegaram uma tão enorme quantidade de peixes que as redes estavam se arrebentando. Então eles fizeram sinais para seus companheiros no outro barco para virem ajudá-los.

Eles vieram e encheram tanto os dois barcos que quase afundaram.

Vendo isso, Simão Pedro caiu aos joelhos de Jesus, dizendo: 'Senhor, afasta-te de mim, porque sou pecador'. De fato, ele e todos os que estavam com ele ficaram espantados com a pesca que haviam feito; e também Tiago e João, filhos de Zebedeu, que eram sócios de Simão. Jesus disse a Simão: 'Não tenhas medo; de agora em diante serás um pescador de homens'. Tendo arrastado os barcos para a terra, deixaram tudo e o seguiram" (Lc 5,1-11).

Permito-me nesta homilia ser um pouco autobiográfico, porque tenho uma relação muito especial com o trecho evangélico de hoje. É o trecho que foi proclamado na liturgia dominical do V Domingo do Tempo Comum de 1980, o domingo em que celebrei, pela primeira vez na vida, na catedral de Milão, ao fazer o ingresso na diocese como arcebispo.

Naquela ocasião, eu via a mim mesmo naquela passagem bíblica, vi na multidão que "se aglomerava" em torno de Jesus as muitas pessoas que enchiam a catedral – eram cerca de dez mil –, e do lado de fora a praça estava lotada. Acima de tudo, assim como Simão, eu sentia a minha inadequação: "Senhor, não sou capaz. Trabalhei a noite toda e consegui muito pouco". Experimentei como minha a condição de Pedro: humilhada e inadequada. E percebi ao mesmo tempo que tinha de confiar na palavra de Jesus, fazendo dela um programa.

"Na tua Palavra", portanto confiando nessa Palavra, proclamando-a, explicando-a. Além disso, a passagem começa sublinhando que Jesus pregava a Palavra de Deus; e todo o texto exalta a Palavra, a Palavra de Deus pregada por Jesus e a Palavra de Jesus lançada a Pedro: "Faze-te ao largo e lança as tuas redes".

Para mim, fazer-me ao largo significava entrar numa função da qual não tinha experiência alguma, entrar em contato com um mundo totalmente novo; significou um pouco passar da terra à lua, ou seja, de um serviço de tipo científico, institucional, acadêmico, para um serviço pastoral, recomeçando da estaca zero, sem conhecer nada nem ninguém. Era realmente uma questão de confiar apenas na palavra de Jesus.

Senti que essa confiança me foi dada pela graça de Deus.

Eu não a tinha em mim, não a poderia tirar de uma experiência ministerial que me faltava. Não tinha a menor ideia do que era uma diocese, tinha estudado pouco direito canônico porque eu tinha me dedicado sobretudo aos estudos da Sagrada Escritura. Eu não sabia, por exemplo, o que era uma Cúria ou qual era a função de um Vigário Geral! E tudo me foi oferecido, colocado nas minhas mãos, com uma única garantia: ir ao largo, jogar as redes de pesca.

Experimentei a verdade da palavra de Jesus ano após ano e cada vez mais via a beleza da aventura que estava vivendo por ter-me confiado a ele. Embora houvesse muitas negligências e falhas da minha parte, ainda assim me parecia que as redes se enchiam de peixes, uma quantidade enorme e inesperada, e as redes quase quebraram.

Aos poucos o medo de ser inadequado foi crescendo em mim, e eu dizia: "Senhor, por que isso para mim? Afasta-te de mim, sou um pecador!".

Espanto, medo, sentimento de indignidade, e o Senhor sempre me dizia: "Não tenhas medo, de agora em diante serás um pescador de homens".

Esse texto ocorre uma vez por ano na liturgia ferial e duas vezes quando o Evangelho de Lucas é lido na liturgia dominical. E durante todos os 22 anos e cinco meses em que servi à Igreja de Milão, revivi os mesmos sentimentos.

"Tudo é vosso"

"Irmãos, ninguém se engane. Se alguém entre vós pensa que é sábio neste mundo, torne-se louco para se tornar sábio; porque a sabedoria deste mundo é loucura diante de Deus. Pois está escrito: 'Ele apanha os sábios pela sua astúcia'. E ainda: 'O Senhor sabe que os planos dos sábios são em vão'. Portanto, ninguém coloque a sua glória nos homens, porque tudo é vosso: Paulo, Apolo, Cefas, o mundo, a vida, a morte, o presente, o futuro: tudo é vosso! Mas vós sois de Cristo, e Cristo é de Deus" (1Cor 3,18-23).

Gostaria também de dizer algo sobre a primeira leitura, na qual São Paulo tira a ilusão de que exista uma linguagem que pode finalmente ser compreendida pela sabedoria deste mundo.

Muitas vezes nos autoacusamos, reclamando: não temos a linguagem certa; se tivéssemos uma linguagem, as pessoas nos entenderiam, nos seguiriam. Nunca acreditei muito no truque mágico da linguagem. É claro que devemos evitar tudo o que há de arcaico, artificial, burocrático, teórico em nosso falar. Porém, quando contamos as coisas como as experimentamos de fato, não podemos fazer mais.

Não há nada que possa construir pontes de comunicação, a menos que haja uma renúncia a certa autossuficiência humana, a certa sabedoria humana. Aceitar a humildade de Jesus exigirá sempre um salto de qualidade, nunca poderemos fazer com que a humildade de Jesus seja apreciada como objeto de desejo mundano.

E é justo que seja assim. Deus "apanha os sábios pela própria astúcia", brinca com eles.

Mas, quando entendemos que os planos dos sábios são vãos, então colocamos toda a nossa confiança na Palavra, e é a Palavra que salva a nós e aos outros.

O texto de Paulo termina com uma bela frase: "Tudo é vosso" – sois ricos e livres –, "Paulo, Apolo, Cefas, o mundo, a vida, a morte, o presente, o futuro" – nada nos é tirado quando pertencemos a Cristo. "Mas vós sois de Cristo e Cristo é de Deus."

Mesmo muitos problemas que dizem respeito à Igreja, à sua estrutura, à sua renovação, são insignificantes em comparação com esta verdade: que tudo é de Cristo e que Cristo é de Deus, e que Deus leva para sua casa todos e todas as coisas. Como, só ele sabe; mas ele o faz, e nós somos simples colaboradores abandonados à sua ação, ao seu poder, à graça do seu Espírito.

Peçamos, por intercessão de Maria, poder viver na confiança e no abandono.

I
MEDITAÇÃO
"Venha o vosso reino"

Chegamos ao ápice de nossos exercícios, à petição central do pai-nosso: "Venha o vosso reino". Até agora nós estivemos circulando essa petição, quase que com certo temor de enfrentá-la. Imediatamente nos vem à mente dois versículos de Lucas: "Buscai, portanto, o reino de Deus, e essas coisas vos serão dadas por acréscimo. Não temais, pequeno rebanho, pois foi do agrado do vosso Pai dar a vós o reino" (Lc 12,31-32).

Nós vos agradecemos, ó Pai, porque foi de vosso agrado dar o vosso reino a nós, pequeno rebanho, insignificante em comparação com o tumulto do mundo, seu poder excessivo, sua violência, sua vanglória pelas descobertas cada vez mais avançadas da ciência. Nós vos agradecemos porque nos dais o reino, a nós, que somos tão sem importância e às vezes marginalizados. Vós nos convidais a procurá-lo e a pedi-lo. Dai-nos, portanto, a compreensão do que ele é. Certamente corresponde a um desejo profundo de vosso Filho Jesus. Fazei com que entremos em seu coração, para compreender esse reino e para que possamos caminhar rumo a ele, deixando que ele ocupe seu lugar em nossos corações e em nossa vida. Nós vos pedimos, ó Pai, por Cristo nosso Senhor.

A petição "venha o vosso reino" é, de acordo com alguns exegetas, o único pedido, e todos os demais servem apenas como um contorno. Após eu ter refletido longamente, prefiro a solução proposta pelo Padre Ledrus: "Santificado seja o vosso nome" é o pedido mais radical, metafísico, e "venha o vosso reino" é a sua realização histórica; "Santificado seja o vosso nome" é o pedido ainda geral, de natureza absoluta, ao passo que "venha o vosso reino" refere-se ao seu agir na vida de Jesus.

Naturalmente permanece difícil entender *o que solicitamos* com as palavras "venha o vosso reino".

E é justamente com a apresentação do reino que Inácio de Loyola começa a segunda semana dos *Exercícios Espirituais*; ou melhor, nós poderíamos considerar este momento do nosso retiro como uma passagem da primeira para a segunda semana. Esta é precisamente precedida pela contemplação do Rei e do reino, uma meditação preparatória e introdutória, que Inácio coloca no início das meditações sobre a vida de Jesus como chave interpretativa sintética: "Verei como este rei fala a todos os seus dizendo: 'É minha vontade conquistar toda a terra de infiéis. Portanto, quem quiser vir comigo há de contentar-se em comer como eu, e também em beber e vestir-se como eu etc.; do mesmo modo há de trabalhar comigo durante o dia e vigiar durante a noite etc., para que depois tenha parte comigo na vitória, assim como a teve nos trabalhos'" (EE 93).

Essa concepção do reino obviamente está no estilo conquistador típico do século em que Inácio viveu: procurava-se a submissão de todos os infiéis ao poder de Deus.

Não está errado, mas deixa a questão em aberto: *de que modo vem o reino?* Vem por meio de um poder que destrói inimigos e vence a batalha, como se pensasse de acordo com a época das cruzadas? Ou é uma realidade que vem como uma semente, como fermento, como penetração paciente na massa?

A invocação "venha o vosso reino" deixa espaço, parece-me, para muitas interpretações diferentes.

De minha parte, gostaria de tentar um aprofundamento, articulando-o em quatro considerações: a pergunta sobre o que é o reino; a constatação de que este reino não está aqui, mas está vindo; finalmente uma reflexão sobre as atitudes com as quais pedimos que o reino futuro venha.

O que é o reino?

É especialmente óbvio, a partir dos sinóticos, que o reino de Deus é a preocupação central de Jesus e é o conteúdo sintético de sua pregação, como lemos desde o início no relato de Marcos: "Jesus veio para a Galileia proclamando o Evangelho de Deus e dizia: 'Completou-se o tempo, e o reino de Deus está próximo. Convertei-vos e crede no Evangelho'" (Mc 1,14-15).

O reino de Deus é, portanto, o centro do anúncio de Jesus.

- *As "definições" de Jesus.* Os sinóticos mostram Jesus falando de muitos modos do reino, principalmente nas parábolas; por exemplo, em Marcos 4,26: "*O reino de Deus é como quando alguém lança a semente na terra*"; e em Marcos 4,30: "*Com que ainda podemos comparar o reino de Deus? Com que parábola podemos apresentá-lo?*". A que podemos comparar o reino de Deus e com que parábola o podemos descrever? E o evangelista já havia colocado no início do capítulo, sem mencionar imediatamente o reino, a parábola mais conhecida, a do semeador, que também é uma parábola do reino (cf. Mc 4,2-9).

Por essa razão, Jesus frequentemente fala do reino, mas em parábolas, com comparações, por meio de metáforas, alusões, imagens, sem nunca dar uma definição.

Não é fácil resumir tudo isso; para fazê-lo é necessário considerar e unificar as muitas menções do reino.

- *Tentativas de síntese.* Na minha opinião, é possível ler um excelente resumo na nota da Bíblia de Jerusalém para Mateus 4,17:

"A realeza de Deus sobre o povo eleito e, por meio deste, sobre o mundo, está no centro da pregação de Jesus, como era no ideal teocrático do Antigo Testamento. Esta comporta um reino de 'santos' dos quais Deus será verdadeiramente o rei, porque seu reino será reconhecido por estes mediante o conhecimento e o amor. Comprometida em virtude da revolta do pecado, essa realeza deve ser restabelecida por meio de uma intervenção soberana de Deus e de seu messias. Essa é uma intervenção que Jesus [...] realiza não por meio de um triunfo militar e nacionalista" (como poderia deixar suspeitar a parábola de Inácio), "como era esperado pelas multidões, mas de uma forma inteiramente espiritual, como 'Filho do homem' e 'servo', mediante a obra de redenção que arrebata os homens do reino adverso de Satanás. Antes de sua realização escatológica e definitiva, na qual os eleitos viverão com o Pai na alegria do banquete celestial, o reino aparecerá com inícios humildes e misteriosos" (a semente lançada na terra que ninguém sabe de que modo cresce) "e contraditórios, como uma realidade já começada e que se desenvolve lentamente na terra por meio da Igreja. Instaurado com poder como reino do Cristo mediante o julgamento de Deus sobre Jerusalém e pregado no mundo por meio da missão apostólica, será definitivamente estabelecido e entregue ao Pai com o glorioso retorno de Cristo no momento do juízo final. Na expectativa, este se apresenta como pura graça, aceita pelos humildes e pelos despossuídos, rejeitada pelos orgulhosos e pelos egoístas. Nele se entra apenas com a veste nupcial da nova vida; dele há excluídos. Devemos estar vigilantes e estar prontos quando ele vier, inesperadamente".

Uma nota certamente concisa, a qual, citando muitas passagens dos Evangelhos sinóticos, deixa claro que a realidade do reino não é fácil, ela é complexa, tem origens modestas, não se propõe com a força das armas e da conquista, não se apoia no poder humano, mas é acima de tudo uma realidade que entra nos corações e deve ser por eles aceita.

A esse respeito, as frases mais densas e bonitas leio mais uma vez no texto do Padre Ledrus: "A verdade elementar é que Deus domina incondicionalmente e desde o princípio de toda a sua criação, não excluindo a liberdade"; Deus é rei desde sempre. "No entanto, falando agora de 'reino' em sentido evangélico, Deus reina propriamente quando sua bondade conquista, com a mansidão da graça, a humilde adesão espontânea de corações livres. A onipotência divina brilha soberanamente nos triunfos da misericórdia, quando esta conduz ao amadurecimento a vida eterna nos eleitos, quando, com magnanimidade, poupa do joio do escândalo semeado no meio da boa semente da palavra", ele não o subtrai pela força "quando transforma a pedra de tropeço, isto é, o sucesso relativo da malícia – o Calvário –, na 'pedra angular' da casa vivente dos filhos adotivos. O reino do Evangelho do Pai das misericórdias não se reduz, portanto, ao efetivo domínio de Deus que envolve sob seu poder até mesmo os danados. O reino consiste em plena efusão livre da vida divina no coração e do coração dos homens redimidos" (op. cit., 98-99).

Aqui, é sublinhado com grande eficácia o caráter da liberdade, da espontaneidade, da progressividade, da mansidão próprias do Reino.

E ainda: "Este reino [...] nada mais é do que uma operação apostólica do Espírito Santo, considerada nas etapas de sua difusão e especialmente na ordem celestial da vida cristã como evento universal da eternidade gloriosa. O 'venha o vosso reino' é um pedido inspirado pela preocupação de que se desenvolva o reino já iniciado; de que atue como primícias nesta vida e como completude no último ressurgir". Este reino, "esta vida potente, manifesta e vitoriosa de Cristo nos seus é a realidade misteriosa mais sólida, mais imponente que se desenvolve no universo, o fato mais denso, mais memorável, mais inesquecível da história: o reino começado, o reino em movimento, o Rei vivente em seu reino" (ibid., 99-100).

É bonito notar que tudo isso mostra o quão rico é esse conceito e como ele está difudido por todos os Evangelhos.

• *Uma realidade que se compreende no seguimento de Jesus.* Já dissemos que Jesus nunca quis dar uma síntese resumida da natureza do reino; ele sempre lançou parábolas, indicações de atitudes – como as bem-aventuranças –, com indicações éticas, morais, teológicas, para dar a compreender uma realidade que não é tão fácil de colocar teoricamente em ordem, mas que *é entendida por quem a vive*.

A oração "venha o vosso reino" afirma o humilde desejo do discípulo de que uma realidade com começos pobres, brandos, quase desprezados, vai pouco a pouco conquistando os corações dos homens até que seja alegre e livremente acolhida.

É a grandeza do reino, colocado em sua totalidade na liberdade, na mansidão, na espontaneidade, na persuasão; e é a sua fraqueza, porque não é confiado a um poder, a um exército, à capacidade de dobrar o consentimento das pessoas, nem pela força das armas, nem pelo poder econômico, nem por meio do poder intelectual ou político. É uma realidade íntima do coração, que, no entanto, conquista o universo através da mudança de vida que produz – pensemos nas bem-aventuranças, que são uma expressão típica do estilo de vida do reino.

Neste ponto, pode-se entender que me sinto desconfortável em dar uma definição precisa. Eu tento chegar lá através de diferentes citações e acima de tudo invocando o Espírito Santo para que nos dê uma compreensão profunda dos Evangelhos, a fim de nos permitir perceber o sentido correto do reino, conforme proposto no Sermão da Montanha, no discurso em parábolas, no discurso missionário e nas muitas outras palavras de Jesus.

Desse modo, o Reino é uma realidade que não é rotulada de uma forma fácil, mas *é vivida no seguimento de Jesus, dia após dia*, e confiando nas palavras do seu Evangelho. Uma realidade que se vive colocando-se no seguimento daquele Jesus que desde o início de sua missão pública, no Jordão, se humilha ao se colocar na fila entre os pecadores, declarando assim que deseja proclamar o reino na humildade, no escondimento, no desprezo pelos privilégios.

Por isso é justo pedir que o reino venha, pois este não pode ser uma conquista nossa. É Deus quem realiza o reino, é ele quem penetra nos corações e cativa-os; é ele, com a graça do Espírito Santo, que se apodera das almas e as transforma na imagem de Jesus. Em outras palavras, o *reino é Jesus*, é a sua vida, o seu modo de viver, amar, sofrer: justamente por isso o reino se propõe de modo formidável e incontestável na cruz, na morte de Jesus por amor.

"Venha o vosso reino" é um pedido muito alto, e talvez devamos dizer, como um dia disse Jesus aos discípulos: "*Vós não sabeis o que pedis*" (Mt 20,22). Pedimos mais intuindo do que raciocinando, mais desejando no profundo do coração do que tendo diante dos olhos uma imagem muito precisa. Isso é típico do reino de Deus, de sua liberdade, de sua espontaneidade, de sua capacidade de conquistar corações sem forçá-los, e ao mesmo tempo de sua insignificância, de sua não visibilidade.

• *As definições de Paulo*. Se Jesus não gastou tempo em definições do reino e foi, pelo contrário, bastante relutante e parco, São Paulo nos oferece particularmente mais esclarecimentos em suas cartas apostólicas: falam pouco, mas de uma forma muito convincente e sintética.

– Penso aqui em Romanos 14,17: "*Pois o reino de Deus não é questão de comida e bebida, mas é justiça e paz e alegria no Espírito Santo*". É uma bela "quase definição" do reino: justiça, porém justiça do reino, justiça misericordiosa de Deus, à qual seguem paz e alegria no Espírito Santo.

– Há outra passagem esplêndida de Paulo, que não dá uma definição, mas sim uma descrição de atitudes: "*O fruto do Espírito, porém, é: amor, alegria, paz, paciência, amabilidade, bondade, fidelidade, mansidão, domínio de si*" (Gl 5,22). Esse é o fruto do Espírito, e é o reino.

– Além disso, posso também citar 1 Coríntios 4,20, um versículo um pouco enigmático, mas capaz de iluminar. "Virei – escreve Paulo àqueles que o criticam – *e, então, tomarei conhecimento não das palavras daqueles, inchados de orgulho, mas dos que efetivamente sabem fazer. Pois o reino de Deus não consiste em palavras, mas em poder*" (1Cor 4,19-20), poder que é acima de tudo, e principalmente, transformação da vida do ser humano, assim como capacidade de fazer milagres por meio de tal transformação.

Eu quis juntar algumas descrições e definições do reino, de modo que possamos compreender que é preciso uma vida inteira para entrar no sentido profundo do pedido: "Pai, venha o vosso reino".

Como fermento e semente

Nosso repetir a invocação demonstra, por outro lado, que o *reino de Deus ainda não está em plenitude*. Pois está escondido, é um fermento, é uma semente, é uma plantinha, é uma folha de grama e requer os *olhos da fé* para percebê-lo.

Hoje *o poder de Satanás é certamente mais visível*, mas sabemos que toda a obra de Jesus consiste em amarrar esse poder satânico – que se expressa no pecado, orgulho, desejo de sucesso, em dominar, em esmagar os outros – para que o reino venha.

"Além disso, ninguém pode entrar na casa de um homem forte para saquear seus bens sem antes amarrá-lo; só depois poderá saquear a sua casa" (Mc 3,27). Jesus é aquele que amarrou o homem forte. Ele fez isso ao longo de toda a sua vida e particularmente em sua paixão e morte, quando ele amarrou Satanás, amarrou a força da morte e a venceu.

Em nosso hoje, o "homem forte" ainda está em ação e, de alguma forma, parece dominar. Mas nossa fé vê, apesar de seu aparente poder excessivo, a presença silenciosa do reino já em ato que se opõe a Satanás e que, tal qual a semente e o levedo, fermenta a história.

A vinda do reino

Como o reino vem? Certamente não em virtude de nossas obras, mas sim com a força de Deus, com a força de Jesus, com a graça do Espírito Santo. Queremos pedir com confiança que o humilde poder de Jesus se manifeste até a revelação completa e definitiva.

Alguns exegetas discutem se por "venha o vosso reino" se entende o reino final, escatológico, ou um reino que vem no hoje, dia após dia. Penso, de modo mais em conformidade com o conjunto de nossas reflexões, considerar essa pergunta em referência ao presente: "Venha o vosso reino"; isto é, que seja manifestado, ó Senhor, o poder humilde, discreto, misterioso, modesto, manso, convincente de vossa verdade.

Obviamente, também olhamos para uma plenitude definitiva: vem o reino em sua manifestação final, quando a morte será derrotada e não haverá mais lágrimas ou terror ou violência, *"porque as coisas anteriores passaram"* (Ap 21,4).

Uma última observação que eu gostaria de fazer sobre a vinda desse reino.

Vimos que a petição se encontra em Lucas, talvez em seu contexto mais preciso. No entanto, sabemos, todavia, que o capítulo 11 de Lucas é precedido por aquelas declarações com que Jesus pouco a pouco faz compreender a natureza do seu reino.

A primeira: *"O Filho do Homem deve sofrer muito e ser rejeitado pelos anciãos, sumos sacerdotes e escribas, ser morto e, no terceiro dia, ressuscitar"* (Lc 9,22).

A segunda: *"Dois homens conversavam com ele: eram Moisés e Elias. Apareceram revestidos de glória e conversavam sobre a sua saída deste mundo que iria se consumar em Jerusalém"* (Lc 9,30-31).

Em seguida, há uma terceira declaração: *"Enquanto todos se admiravam com tudo o que Jesus fazia"* e esperavam que o reino se manifestasse com poder, com a derrota dos opositores, *"disse aos seus discípulos: 'Tende bem presentes estas palavras: O Filho do homem está para ser entregue às mãos dos homens'"* (Lc 9,43-44).

Portanto, Jesus realiza o Reino por meio de sua paixão.

Na esperança e na paz

Quais são, então, as atitudes com as quais expressar essa petição, e quais atitudes ela sugere?

Parece-me que, se é válido o que tentei explicar, uma atitude fundamental não é o esforço para que venha o reino, como se tivéssemos de puxá-lo do alto com violência, mas uma atitude de esperança e paz.

Este é o desejo de Paulo: *"Que o Deus da esperança vos encha de toda alegria e paz, na fé, para que possais abundar na esperança pela virtude do Espírito Santo"* (Rm 15,13).

Esta oração nasce de uma grande esperança, de uma absoluta confiança, de um abandono total ao Senhor. E enquanto a recitamos queremos caminhar nas pegadas de Jesus, que nos ensina como o reino vem vivendo uma vida de pobreza, de amor, de perdão, de dom de si até a morte.

É certamente um pedido muito exigente, que compreende todo o Evangelho e que nunca seremos capazes de aprofundar totalmente; seu significado será revelado a nós com o passar dos dias, se rezarmos com humildade e nos esforçarmos para testemunhar as atitudes indicadas por Jesus como elementos típicos do Reino, a começar pelas bem-aventuranças.

II
MEDITAÇÃO

"Seja feita a vossa vontade, assim na terra como no céu"

No início desta meditação, lerei com vocês algumas palavras do *Testamento espiritual* do Papa João XXIII, na parte em que se diz: "Na hora do adeus, ou melhor, do até logo, mais uma vez relembro a todos aquilo que vale na vida: Jesus Cristo bendito, sua santa Igreja, seu Evangelho, e no Evangelho sobretudo o *Pater noster*, no espírito e no coração de Jesus e do Evangelho".

Suas palavras me impressionam, porque hoje é a primeira sexta-feira do mês, tradicionalmente dedicada ao Coração de Jesus. Nós nestes dias estamos justamente tentando entrar em seu coração, em sua oração, na oração que ele nos ensinou e que certamente corresponde ao que estava no mais profundo de sua consciência íntima.

Lembramos na meditação anterior que, no mais profundo da consciência de Jesus, tinha lugar o desejo pelo reino, e percebemos como é difícil defini-lo, porque ele é o reino em sua vida, paixão, morte, ressurreição e ascensão, e devemos, portanto, ter os mesmos sentimentos dentro de nós.

Pedimos, assim, Senhor Jesus, dai-nos a graça para poder realizar a experiência de que fala Paulo, quando nos exorta: *"Tende em vós os mesmos sentimentos que foram de Cristo Jesus"* (Fl 2,5); nós vos pedimos a graça de conhecer-vos intimamente por meio da meditação sobre oração do pai-nosso, na qual colocastes todo o vosso coração. Hoje é a memória litúrgica de São Gregório Magno, santo que sempre amei muito, e confiamos à sua intercessão o nosso desejo de compreendê-la totalmente.

A invocação sobre a qual queremos refletir hoje, "seja feita a tua vontade, assim na terra como no céu", é relatada apenas por Mateus, não por Lucas. Perguntamo-nos se foi Lucas quem a removeu ou se foi Mateus quem a adicionou. Parece difícil que Lucas a tenha deixado de fora, se fazia parte da oração original; e por outro lado corresponde totalmente, e o veremos, ao sentido e ao espírito do coração de Cristo. Portanto, essa palavra, que, a rigor, não seria estritamente necessária, porque tudo já está incluído no pedido do reino, é, no entanto, muito útil, e, por isso, Mateus quis acolhê-la, para dizer que o reino se realiza concretamente no cumprimento da vontade de Deus.

Durante estes dias, nos propomos justamente como objetivo buscar a vontade de Deus em nossa vida. Como diz Santo Inácio na primeira *Anotação*, os exercícios espirituais são feitos para "preparar e dispor a alma, para tirar de si todas as afeições desordenadas e, tendo-as afastado, procurar e encontrar a vontade de Deus, na disposição da sua vida para o bem da mesma pessoa" (EE 1).

Tenhamos em mente qual é o pano de fundo dos versículos dramáticos de Mateus 26. Eles me mostram como Jesus, embora tenha desejado tanto a vinda do reino para que a vontade do Pai se cumprisse, encontra dificuldades em aceitá-la: *"Ele, indo um pouco mais adiante, caiu com o rosto por terra e rezava, dizendo: 'Meu pai, se é possível, que este cálice passe de mim. Contudo, não seja feito como eu quero, mas como tu queres'"* (Mt 26,39). E finalmente: *"Meu Pai, se este cálice não pode passar sem que eu o beba, seja feita a tua vontade!"* (Mt 26,42). Portanto, a invocação do pai-nosso é expressa por Jesus no momento mais escuro da sua vida.

Peçamos à Nossa Senhora, que sempre fez a vontade de Deus e a ele se consagrou após o anúncio do anjo, para podermos entender o que é esta vontade que esperamos que seja cumprida *"assim na terra como no céu"*.

Sobre este tema, após uma premissa, farei duas reflexões: a vontade de Deus em Jesus e nos discípulos; a vontade de Deus em nós. Para concluir com uma consideração sobre as palavras *"assim na terra como no céu"*.

Premissa

A vontade de Deus pode ser entendida de duas maneiras: transcendental e categórica.

– Poderíamos definir a vontade de Deus *transcendental* como seu plano global, seu desígnio sobre o universo, esse plano global, aquele desígnio que é a salvação de todos e talvez esteja exposto da maneira mais bela e concisa pelo evangelista João: *"De fato, Deus amou tanto o mundo que deu o seu Filho único para que todo aquele que nele crer não pereça, mas tenha a vida eterna. Pois Deus enviou o seu Filho ao mundo não para julgar o mundo, mas para que o mundo seja salvo por ele"* (Jo 3,16-17). Essa é a vontade de Deus transcendental, que abraça tudo, que explica todas as situações, que penetra em todos os eventos da história.

Essa vontade universal é cantada por Paulo no hino estupendo da Carta aos Efésios, especialmente no capítulo primeiro, versículos nove a dez: *"Ele nos fez conhecer o mistério de sua vontade, segundo o que em sua benevolência tinha preestabelecido, para realizá-lo na plenitude dos tempos: o desígnio de recapitular tudo em Cristo, tudo o que existe no céu e na terra"* (Ef 1,9-10).

E ainda em Colossenses 1,15-20 Paulo explica: *"Cristo é a imagem do Deus invisível [...]. Todas as coisas foram criadas por meio dele e em vista dele [...]. Pois aprouve a Deus de fazer habitar nele toda a plenitude e, por meio dele, reconciliar consigo todos as coisas, estabelecendo a paz por seu sangue derramado na cruz, isto é, por meio dele, as coisas que estão sobre a terra e as que estão nos céus"*

(Cl 1,15-20). Aqui a vontade já se retorna transcendental, com referência à cruz, em algum modo categórica, ou seja, mais concreta.

Na Primeira Carta a Timóteo, o apóstolo nos convida a rezar por todos, porque "*isso é bom e agradável diante de Deus, nosso Salvador, o qual quer que todos os homens sejam salvos e cheguem ao conhecimento da verdade*" (1Tm 2,3-4). É o plano global de Deus, essa é a sua vontade, seu desígnio de salvação que diz respeito a todos os homens; e é confortante para nós sabermos que o que Deus quer acontecerá.

– A vontade de Deus que chamamos de *categórica* toma, em vez disso, forma concreta no tempo, diz respeito ao hoje, ao "aqui e agora", e nunca está separada da vontade transcendental.

Em particular, ela se expressa nos mandamentos, no Decálogo; esta é a vontade de Deus para o nosso tempo, especialmente o grande mandamento da justiça.

Jesus responde ao jovem rico: "'*Se queres entrar na vida, observa os mandamentos*'. – '*Quais?*', perguntou ele. Jesus respondeu: '*Não matarás, não cometerás adultério, não roubarás, não levantarás falso testemunho, honra pai e mãe, ama teu próximo como a ti mesmo*'" (Mt 19,17-19).

A resposta de Jesus ao mandamento do amor também é esplêndida: "*Um doutor da Lei perguntou-lhe, para experimentá-lo*: '*Mestre, qual é o maior mandamento da Lei?*'". Isto é, a vontade de Deus mais importante. "*Ele respondeu: 'Amarás o Senhor, teu Deus, com todo o teu coração, com toda a tua alma e com toda a tua mente! Este é o maior e o primeiro mandamento. Ora, o segundo é semelhante ao primeiro: Amarás teu próximo como a ti mesmo. Toda a Lei e os Profetas dependem desses dois mandamentos*'" (Mt 22,35-40).

A vontade de Deus se concretiza em preceitos, mandamentos, ações que são exigidas para sermos como ele, Deus, quer; para sermos seus filhos, para vivermos realmente o espírito filial.

Nós encontramos no Novo Testamento outras expressões da vontade concreta de Deus, por exemplo: "*Do mesmo modo, o vosso*

Pai que está nos céus não quer que se percam nenhum destes pequeninos" (Mt 18,14). Outra passagem importante está na Epístola aos Romanos: "*Eu vos exorto, irmãos, pela misericórdia de Deus, a oferecerdes vossos corpos em sacrifício vivo, santo e agradável a Deus: este é o vosso culto espiritual. Não vos conformeis à mentalidade deste mundo, mas transformai-vos, renovando vossa mente, para que possais discernir a vontade de Deus, a saber, o que é bom, o que lhe agrada, o que é perfeito*" (Rm 12,1-2).

Além disso, também temos um exemplo muito bonito de conformidade à vontade categórica divina nos Atos dos Apóstolos, no trecho em que se diz de Davi: "*Deus suscitou Davi como rei para eles e assim testemunhou a seu respeito: 'Encontrei Davi, filho de Jessé, homem segundo o meu coração, que vai realizar tudo o que desejo'*" (At 13,22).

A vontade categórica de Deus é aquela que, quando a fazemos, nos torna realmente seus filhos, nos faz ser "segundo o seu coração".

Desse modo, chegamos ao ponto que nos toca mais de perto: como eu conheço a vontade de Deus, o que lhe é agradável, o que lhe é bom, o que lhe é perfeito?

Vamos tentar chegar lá passo a passo.

A vontade de Deus em Jesus e nos discípulos

– Em primeiro lugar, os Evangelhos mostram *Jesus* totalmente imerso na vontade do Pai. Quando ele exclama: "Seja feita a tua vontade", ele expressa sua intenção diária mais profunda: o reino se cumpre fazendo a vontade de Deus.

Cito algumas passagens do evangelista João: "*Porque eu desci do céu não para fazer a minha vontade, mas a vontade daquele que me enviou*" (Jo 6,38); "*Esta é a vontade do meu Pai: que quem vê o Filho e nele crê tenha a vida eterna*" (Jo 6,40). E ainda: "*Aquele que me enviou está comigo. Ele não me deixou sozinho, porque eu sempre faço o que é do seu agrado*" (Jo 8,29). E isso nos lembra aquela outra passagem tão bela em que Jesus, junto ao poço da Samaria, aos discípulos que lhe imploram para comer, responde: "*O meu alimento é fazer a vontade daquele que me enviou e levar a termo a sua obra*" (Jo 4,34).

Podemos contemplar Jesus imerso, transfigurado, identificado na vontade de Deus.

– A adesão a esta norma também considera os *discípulos*. Eu lembro de pelo menos uma passagem de Mateus e uma de Marcos. No final do Sermão da Montanha lemos: "*Nem todo aquele que me diz: 'Senhor! Senhor!' entrará no reino dos céus, mas aquele que põe em prática a vontade de meu Pai que está nos céus*" (Mt 7,21). Portanto, sobre isso Jesus enfatiza: não ficar repetindo "Senhor, Senhor", mas fazer a vontade do Pai.

E ainda mais terna e carinhosamente, gentilmente, Jesus se expressa no texto de Marcos: "*E, passando o olhar sobre os que estavam sentados ao seu redor, disse: 'Eis minha mãe e meus irmãos! Quem faz a vontade de Deus, esse é meu irmão, minha irmã e minha mãe'*" (Mc 3,34-35). Ao fazermos a vontade de Deus, adquirimos uma intimidade única com Jesus, que supera todos os laços familiares e afetivos deste mundo, porque é a vontade daquele que nos criou, que nos ama, que deu a vida por nós, que é tudo para nós. E nós nos tornamos tudo para ele: "*Meu amado é para mim e eu para ele*", conforme a fórmula do livro do Cântico dos Cânticos (2,16).

A vontade de Deus em nós

O que é uma vontade de Deus em mim, em nós, na Igreja, no mundo?

• Certamente ela se exprime de forma muito clara nos mandamentos e preceitos da Igreja, e igualmente nas disposições do direito canônico, ainda que com valor vinculante diferente, a depender do conteúdo.

Essa vontade de Deus também se expressa nas obrigações assumidas livremente para com Deus e para com os demais. A esse respeito eu me lembro de que, tendo eu que seguir, como bispo de uma grande diocese com milhares de padres, alguns casos de crise sacerdotal, eu ficava negativamente impressionado com o fato de que, mesmo nas crises mais sinceras, se perguntavam: "Mas o que Deus quer de mim?". Eles esqueciam totalmente as obrigações assumidas para com a Igreja, para com os fiéis, para com a sociedade; ou seja, uma realidade fundamental para viver a vontade de Deus: respeitar os acordos, os compromissos assumidos, cumprir as promessas. Esta também é a vontade de Deus. Claro que pode haver situações de exceção, e a Igreja, de fato, às vezes chega à dispensa dos votos. No entanto, quando alguém assume uma obrigação para com uma comunidade concreta, especialmente se o fez pública e solenemente, não pode desembaraçar-se disso como se não existisse nada e como se a única coisa que importasse fosse a existência pessoal diante de Deus, quando, na verdade, ele se ligou oficialmente diante de uma comunidade e deve levar em consideração as obrigações e as consequências de seus gestos diante desta.

• Entretanto, para além dessas indicações precisas da vontade de Deus, ainda permanecem muitos espaços nos quais o Senhor pode fazer de modo imediato algumas exigências. É espaço do imediatismo do Espírito, aquilo para o qual dissemos no começo que os exercícios são uma força, uma dinâmica, um ministério do Espírito e um ministério do imediato, na medida em que concernem, para além do que Deus nos pede por meio de seus mandamentos e preceitos, aos pedidos que não se encontram em nenhum mandamento ou preceito ou Código de Direito Canônico, pois são a história de Deus comigo, sua palavra imediata que me toca em primeira pessoa.

Por exemplo, a *vocação* recai nessa perspectiva. Ninguém foi obrigado pelo Código de Direito Canônico, pela Igreja, a assumi-la. É a história de Deus comigo, é a minha resposta à sua palavra.

E, no âmbito da vocação, também há escolhas que são confiadas à dimensão imediata do contato diário com Deus e são, portanto, um objeto de *discernimento diário*. Penso nos tempos e nas formas de oração; nos tempos e formas de trabalho e descanso; ao modo de regrar as amizades, a tudo quanto relacionado ao campo do zelo apostólico, no qual nossas escolhas ou nossas iniciativas não são obrigadas, mas devem ser confrontadas com a vontade de Deus; tudo isso é precisamente o objeto de discernimento.

Conhecer a vontade de Deus é importante para a minha paz, para a minha verdade, para a autenticidade de minha vida que se define na palavra de Jesus que me foi comunicada por meio do Espírito. No entanto, isso não é fácil. Quantas vezes nos perguntamos, mesmo com alguma ansiedade: eu estou realmente fazendo a vontade de Deus? Os empreendimentos em que entrei, a escolha que fiz, realmente agradam a Deus? Às vezes a pergunta é angustiante e às vezes a incerteza pode nos atormentar por um longo tempo.

Quando questionados sobre como conhecemos a vontade de Deus, a uma pergunta que nós, padres, muitas vezes ouvimos frequentemente das pessoas – Deus realmente quer isso de mim? Talvez ele queira algo mais que eu ainda não entendi? –, não há uma resposta matemática. Pelo contrário, eu creio que o Senhor nos coloca em um estado de certa inquietação, precisamente porque através da busca nós nos purificamos, nos libertamos de nossos desejos desordenados ou simplesmente frágeis, imaginários, e realmente buscamos o que o Senhor deseja para nós.

Para nos ajudar na difícil tarefa de discernimento, podemos recorrer a algumas "regras", que agora desejo relembrar, porque elas poderão ser úteis nestes dias de exercícios e também mais tarde, na vida normal.

Para explicar a primeira, talvez a mais segura, gostaria de usar o ícone de Moisés na montanha: *"Moisés disse: 'Mostra-me a tua Glória'*'. *E o Senhor respondeu: 'Farei passar diante de ti todo o meu esplendor e proclamarei meu nome: 'Senhor', diante de ti. Concederei graça a quem eu quiser conceder a graça e terei misericórdia de quem eu quiser ter misericórdia'. E acrescentou: 'Tu, no entanto, não poderás ver minha face, porque ninguém me pode ver e permanecer* vivo'. O Senhor disse: 'Aí está o lugar junto a mim! *Tu ficarás sobre a rocha: quando a minha Glória passar, eu te porei na fenda da rocha e te cobrirei com a mão enquanto passo. Quando eu retirar a mão, tu me verás pelas costas. Minha face, porém, não se pode ver'"* (Ex 33,18-23).

Moisés pede para ver o rosto de Deus – o que significa conhecer claramente sua vontade –, mas ele não verá. Porém, uma vez que Deus terá passado, ele o verá por trás.

Compreendemos a partir dessa imagem que a vontade de Deus é clara, principalmente quando *perseveramos* na paz. Ou seja, quando perseveramos em qualquer decisão tomada, talvez até difícil, e também nas provações, ou mesmo na aridez, com alguma *paz profunda interior*, é um sinal de que estamos cumprindo essa vontade. Portanto, ela é não raramente reconhecida *a posteriori*; e toda escolha é um risco. Eu me lembro de uma experiência vivida em Milão, quando propus aos jovens uma iniciativa do chamado "Grupo Samuel", dizendo-lhes que, se eles quisessem conhecer a vontade de Deus e colocar a própria vida à sua disposição em qualquer direção, eles poderiam fazer comigo um percurso de um ano. Com as centenas de jovens que aceitaram com grande generosidade essa proposta, tive com eles uma reunião mensal, após a qual, por assim dizer, dava-lhes algumas tarefas para fazer em casa e lhes explicava as Regras para fazer o discernimento dos espíritos de acordo com Santo Inácio.

Fiquei impressionado com o fato de que a pergunta mais ansiosa que me foi colocada por esses rapazes e meninas, embora estivessem vivendo o itinerário com muita intensidade, era: "Mas tenho a certeza de que vou encontrar a vontade de Deus? Eu escolheria a vida consagrada, a vida sacerdotal, mas só se eu fosse cem por cento certo de que Deus quer isso". E eu lhes respondia: "Se vocês querem ter certeza, vocês nunca tomarão uma decisão". A vida é um risco, e as escolhas, especialmente aquelas concernentes ao nosso existencial, são feitas arriscando. Deverão ser objeto de discernimento, através da oração, conselho, reflexão; e, no entanto, nunca teremos a certeza matemática de que nossa escolha corresponda à vontade de Deus. É uma certeza que só teremos com o tempo e perseverando na paz.

Eu recomendo que vocês leiam dois textos do livro de Isaías, em que se fala justamente do apoio de Deus que nos acompanha na nossa fragilidade enchendo-nos de paz: "*Assim disse o Senhor Deus, o Santo de Israel: 'Na conversão e na calma está a vossa salvação, no abandono confiante está a vossa força'*" (Is 30,15). "*Acaso não sabes? Ainda não ouviste falar? O Senhor é o Deus eterno! Foi ele quem criou toda a terra. Ele não corre nem se cansa, sua inteligência é imperscrutável. É ele que dá ânimo ao cansado e multiplica o vigor do enfraquecido. Até os jovens se afadigam e cansam, e mesmo os adultos tropeçam e caem; mas os que esperam no Senhor renovam suas forças, criam asas como águia, correm e não se afadigam, caminham e nunca se cansam*" (Is 40,28-31).

A perseverança na paz é realmente um sinal da vontade do Senhor.

Há ainda outras maneiras de discernir, e Santo Inácio as descreve amplamente. Limito-me a evocar pelo menos uma passagem que descreve em geral os *tempos para fazer uma boa eleição*.

– O primeiro tempo "é aquele em que Deus Nosso Senhor move e atrai de tal modo a vontade que, sem duvidar, nem poder duvidar, a alma fiel segue o caminho que Ele lhe mostra. Assim fizeram São Paulo e São Mateus ao seguirem a Cristo Nosso Senhor" (EE 175).

É uma forma de discernimento quase *carismática*, poderíamos dizer, e, todavia, não é tão rara. Existem escolhas seguras, tranquilas, escolhas de que não temos dúvidas (Deus me pede e eu me lanço). Pessoalmente sempre disse que minha escolha de ir para Jerusalém não tem nenhuma razão lógica, é uma escolha carismática. E nisso me sinto consolado e amparado pelas palavras de Paulo no Discurso de Mileto, em que ele diz: "*E, agora, prisioneiro do Espírito, vou para Jerusalém, sem saber o que ali me acontecerá*" (At 20,22). A escolha carismática não envolve a avaliação dos prós e contras, não é nem mesmo a procura de alguma missão em particular, é muito mais uma influência do Espírito. E pelo menos até agora não tive a menor dúvida sobre a minha escolha, que me parece confirmada.

O *segundo tempo* "é aquele em que se adquire bastante clareza e conhecimento através da experiência de *consolações* e *desolações*, bem como da experiência do discernimento dos vários espíritos" (EE 176); chega-se assim a uma grande clareza – mas não clareza absoluta – de ideias. É a aplicação das Regras do discernimento que já mencionei: nós nos inclinamos especialmente para aquilo que tendemos movidos pelo Espírito, considerando onde ele nos faz permanecer com alegria e onde, pelo contrário, desperta em nós amargura, desgosto, ou seja, avaliando os prós e os contras das consolações e desolações.

Assim, encontramos gradualmente a vontade de Deus.

Muitas vocações nasceram assim: de um certo desgosto, da nossa percepção da insuficiência de uma atividade mundana, de uma afetividade, de uma situação. Então, nos sentimos chamados a fazer algo mais, por meio da ação do Espírito que nos atrai.

– O *terceiro* "é um tempo tranquilo. O homem, considerando primeiro para que é que nasceu, isto é, para louvar a Deus nosso Senhor e salvar a sua alma" – a vontade transcendental de Deus –, "e, desejando isso, escolhe, como meio, um estado ou gênero de vida entre os aprovados pela Igreja a fim de ser ajudado no serviço de seu Senhor e na salvação de sua alma. Chamo *tempo tranquilo* àquele em que a alma não é agitada por diversos espíritos e usa de suas potências naturais livre e tranquilamente" (EE 177).

É o tempo da razoabilidade, sempre inspirada pela fé e pelo Evangelho, no qual, entretanto, avaliam-se os argumentos a favor e contrários. Assim acontece com muitas decisões pastorais: elas não nascem simplesmente de um impulso carismático, mas porque, tendo revisto os prós e os contras à luz da doutrina da Igreja, da psicologia e da sociologia, escolhemos este ou aquele modo de agir.

Para que venha a Jerusalém celeste

Resta comentar – e não é fácil – a última parte da petição do pai-nosso: "Assim na terra como no céu".

É verdade que a correspondência céu-terra aparece várias vezes no Evangelho de Mateus.

Na meditação sobre o "Pai nosso que estais nos céus" eu já citei a promessa feita a Pedro: "*Tudo o que ligares na terra será ligado nos céus, e tudo o que desligares na terra será desligado nos céus*" (Mt 16,19); em sua retomada em Mateus 18,18, lemos: "*Tudo o que ligardes na terra será ligado no céu, e tudo o que desligardes na terra será desligado no céu*"; e eu lembrei também das palavras: "*Na verdade eu vos digo ainda: se dois de vós estiverem de acordo, na terra, sobre qualquer coisa que quiserem pedir, meu Pai que está nos céus o concederá*" (Mt 18,19).

Essa correspondência é, portanto, bastante usual para o evangelista Mateus.

Tenho pensado muito sobre o que pode significar em seu conjunto a expressão "seja feita a vossa vontade, assim na terra como no céu". E me parece que deveria primeiro sublinhar o fato de que não se trata de um propósito – mesmo que tenhamos nos detido muito em nossa pesquisa para conhecer e fazer o que Deus quer –, mas de uma invocação. Pedimos que Deus aja, que sua vontade seja cumprida, tanto a transcendental quanto aquela categórica.

Considerando isso, parece-me que "*assim na terra como no céu*" pode ser traduzida como: *cumpra-se a vossa vontade*, a vossa justiça, a vossa verdade, a vossa paz, *com aquela presteza, elegância, alegria, decisão, precisão com que ela se cumpre no céu*.

Se o reino de Deus é a Jerusalém celeste que começa, o nosso desejo é que a Jerusalém celeste finalmente venha aonde não há mais choro ou dor, onde as coisas velhas já passaram, onde reina estável a justiça; venha no cumprimento das particulares vontades de Deus, que cabe a nós realizar com convicção, paz, alegria, agilidade. Nossa petição é que toda a terra faça brilhar a paz e a luz próprias da morada de Deus, da plenitude da Jerusalém celeste. *Senhor, tu sabes aquilo que queres de nós. Muitas vezes nós não sabemos bem e talvez percamos tempo dando voltas e mais voltas em estradas erradas. Dá-nos luz e clareza para entender aquilo que tu esperas de nós e a força para colocá-lo em prática com serenidade, com agilidade e ardor, do mesmo modo como contemplamos cumprir-se no céu a tua vontade.*

NA LIBERDADE DO ESPÍRITO
(Homilia)

Um modelo de pastor

Hoje celebramos a memória litúrgica de São Gregório Magno: São Gregório monge, bispo e papa; São Gregório homem da Palavra. É sua a formidável intuição de que a Escritura cresce em nós que a lemos: *Scriptura crescit cum legente*. Assim como é também iluminador e confortante para nós outra experiência sua da qual ele nos deixou um testemunho: que, mais de uma vez, não tendo compreendido uma passagem da Escritura, ele a compreendeu em seguida quando ia explicando-a ao povo.

Ele é, portanto, o padroeiro da nossa pregação bíblica, o padroeiro de nosso amor pela Escritura, ele é o homem da Palavra.

É, ao mesmo tempo, o homem do equilíbrio. Aprendi a estimá-lo há muitos anos, quando eu vivia em Roma como estudante e professor de Sagrada Escritura. Naqueles anos eu vivia interiormente muitas contradições e emoções e fui ajudado pela leitura da *Regula pastoralis*, que é uma obra-prima de equilíbrio, um contínuo pôr em relação os opostos para encontrar o justo meio, e é por isso uma lição de vida extraordinária.

A vida é feita de contrários, de opostos, de oposições; nós devemos sempre buscar a via do meio, a via que resolve as antinomias, as contradições. A *Regula pastoralis* é feita em sua totalidade nessa contraposição apaziguada, superada.

E gosto de recordar que fui ajudado também a encontrar uma assonância significativa por meio das reflexões de Gregório em uma obra juvenil de Romano Guardini, *A oposição polar*, em que se convida a rejeitar todo extremismo e a recriar continuamente um equilíbrio de contrários, e que é também defensora de crescimento e alegria, pois nos permite compreender a complexidade do real.

A página que hoje nos propõe o breviário é tirada das *Homilias sobre Ezequiel*, de autoria de São Gregório; é uma página que o torna muito simpático e próximo a nós.

Ele reconhece sua incapacidade em manter a unidade na vida, pois é jogado de um lado para o outro, arrastado por todos os lados. De fato, ele devia buscar o necessário para os monges, cuidar dos afazeres dos cidadãos, expulsar os bárbaros; ele reconhece até mesmo se encontrar envolvido na fofoca, que começou com o desejo de concordar com alguém para lhe conquistar a benevolência, mas que, em seguida, foi aceita de bom grado.

Portanto, um homem verdadeiro, humilde, que, reconhecendo as próprias debilidades, vendo-se confundido e dividido, confiava-se a quem o poderia salvar: "Talvez o próprio reconhecimento das minhas culpas poderá obter-me perdão junto ao juiz misericordioso".

É realmente um exemplo extraordinário de pastor. Especialmente pelo fato de ele ter vivido em circunstâncias sociais, políticas e eclesiais muito dolorosas – a invasão dos bárbaros, o enfraquecimento de toda autoridade, a multiplicação de injustiças e de atos de violência, as difíceis relações com o Oriente. Ele nos ensina que, seja qual for a nossa situação, nós podemos nos tornar santos. Ele não esperou momentos melhores, mas viveu as trágicas dificuldades do seu tempo realizando em todo o momento a vontade do Pai e, ao abraçá-la, encontrou-se imerso na santidade de Deus.

Desse modo, ele é modelo para todo pastor, particularmente para todo bispo que, esmagado por mil exigências, todas urgentes, todas necessárias, uma mais importante que a outra, deve buscar viver na paz um tal acúmulo de urgências. E ele é também padroeiro dos párocos, estes que também estão sempre cercados por exigências, solicitações, reclamações, chantagens emocionais, tendo que encontrar em tudo isso a linha da unidade, da humildade e da verdade.

É um dom de Deus, e o solicitamos por intercessão de São Gregório.

A lei do amor

"Naquele tempo, os escribas e os fariseus disseram a Jesus: 'Os discípulos de João jejuam com frequência e fazem orações; do mesmo modo os discípulos dos fariseus; em vez disso os teus comem e bebem!'. Jesus respondeu: 'Podeis fazer os convidados às bodas jejuarem enquanto o noivo está com eles? Porém virão dias em que o esposo lhes será tirado; então eles jejuarão'. Dizia-lhes ainda uma parábola: 'Ninguém rasga um pedaço de roupa nova para costurá-lo numa roupa velha. Porque assim rasgaria a nova, e o remendo não se ajustaria bem na roupa velha. Além disso, ninguém coloca vinho novo em odres velhos; do contrário o vinho novo os arrebentaria, derramando-se, e eles ficariam inutilizados. Pelo contrário, coloca-se vinho novo em odres novos. E, depois de ter bebido o vinho velho, ninguém quer o novo, porque se diz: 'O velho é melhor!'" (Lc 5,33-39).

O trecho de Lucas inicia com a menção da oração dos discípulos de João e dos discípulos dos fariseus. Em relação à primeira, encontramos uma única menção, além daquela feita neste texto, em Lucas 11,1: "Um dos discípulos disse a Jesus: 'Ensina-nos a rezar, como João ensinou aos seus discípulos'". Portanto, duas únicas menções, mas muito significativas.

Das orações dos fariseus e de seus discípulos, nos fala, por exemplo, Marcos: "Devoram as casas das viúvas e fingem orar longamente" (12,40), e o paralelo de Lucas (20,47). Ambos evidenciam a ostentação e as longas orações.

Assim, somos levados ao confronto com a oração que nos ensinou Jesus. E mais uma vez o pai-nosso nos aparece com toda a sua preciosidade, como uma pequena miniatura, uma pequena joia em que cada palavra pode ser ampliada na medida da grandiosidade de Cristo, que em sua brevidade e simplicidade contém uma sabedoria e uma força formidáveis.

Jesus ensina também que o que conta é a presença do esposo, e não tanto o jejum.

É um novo modo de pensar, no qual não é mais a lei que importa, mas o amor pessoal a Jesus; Jesus como esposo e amigo em meio a nós, Jesus como o nosso tudo.

É certo que na vida, em relação à nossa familiaridade com Jesus, nós passamos por momentos diferentes. Há momentos em que ela é fácil, doce, alegre. Então, nesse caso, como diz a *Imitação de Cristo*, "*esse cum Jesu dulcis paradisus*", ou seja, estar com Jesus é um doce paraíso.

Quando, entretanto, Jesus está em silêncio, então ficamos deprimidos e gostaríamos de ter a coragem de dizer, como fez Santa Teresa do Menino Jesus: sou como uma bolinha com a qual Jesus pode ficar brincando ou deixar de lado. Em todo caso, eu sei que ele me ama.

"O meu juiz é o Senhor"

"Irmãos, cada um nos considere como ministros de Cristo e administradores dos mistérios de Deus. E o que se exige dos administradores é que cada um seja fiel. Mas, quanto a mim, pouco me importa ser julgado por vós ou por um tribunal humano. Nem a mim mesmo me julgo, pois, ainda que eu não esteja consciente de alguma culpa, nem por isso estou justificado. O meu juiz é o Senhor! Não queirais por isso julgar nada antes do tempo, até que venha o Senhor. Ele iluminará os segredos das trevas e manifestará as intenções dos corações; então cada um terá seu elogio de Deus" (1Cor 4,1-5).

Da primeira leitura podemos aprender uma grande liberdade de espírito. Pois nem mesmo nós podemos nos julgar, mas apenas Deus. "Ainda que eu não esteja consciente de alguma culpa, nem por isso estou justificado". Portanto, por mais críticas ou elogios que me façam, não me preocupa o julgamento das pessoas; também eu não me julgo e justifico, pois somente o bom Senhor é que poderá me julgar e justificar.

Lembro-me de um padre de minha diocese, um grande teólogo, homem de grande espiritualidade e que morreu ainda jovem por causa de um tumor; ele dizia em seu testamento espiritual: estou contente por encontrar-me diante um juiz que deu sua vida por mim; ele me julgará, e então saberei quanto eu valho. Certamente não valerei muito, mas sei que ele me amará e me perdoará. Conforme a palavra de Paulo: "Não queirais por isso julgar nada antes do tempo, até que venha o Senhor. Ele iluminará os segredos das trevas e manifestará as intenções dos corações; então cada um terá seu elogio de Deus".

Nós nos confiamos a vós, ó Senhor, justo juiz. Estamos contentes por não sermos capazes de julgar profundamente a nossa vida, se estamos ou não plenamente na vontade de Deus, se vivemos realmente o Evangelho, se essa nossa Igreja é realmente evangélica como deveria. Vós o sabeis, Senhor, e vós nos julgareis com amor e também com a capacidade de nos purificar, porque nós pertencemos a vós e queremos que sejais o único a reinar em nossos corações.

I
MEDITAÇÃO
"O pão nosso de cada dia nos dai hoje"

Neste momento, nesta hora de uma sexta-feira, em Jerusalém se está fazendo a Via-Crúcis pelas ruas da cidade e se chega ao altar de Nossa Senhora das Dores, quase como que para concluir o caminho rumo ao Calvário e, em seguida, ao Sepulcro. Portanto, pedimos a intercessão de Maria para se juntar a nós nessa caminhada, que representa o sofrimento de Jesus e de toda a humanidade.

Há ainda uma petição do pai-nosso que não consideramos, que é o pedido do pão de cada dia. É a menor, quase poderíamos dizer a menos interessante, a mais modesta, e, mesmo assim, talvez seja aquela que nos toca mais imediatamente.

E é curioso que haja esta petição e não outras. Frequentemente eu digo para mim mesmo: por que não se considera obter a fé, a esperança, a caridade, mas simplesmente o pão de cada dia?

Busquemos compreender o significado dessas palavras, confiantes de que o Espírito pode nos iluminar sobre a profundidade e a verdade do que Jesus nos faz pedir.

Qual pão?

Nas três primeiras invocações, logo no início, há o verbo ("*Santificado seja* o vosso nome", "*Venha* o vosso reino", "*Seja feita* a

vossa vontade"); aqui, no início, encontramos o substantivo: "*O pão nosso de cada dia nos dai hoje*". Destaca-se, portanto, o pão.
• O que se entende por "pão"?

Certamente é o pão material, mas o significado pode ser ampliado referindo-se às necessidades de um dia, ao que é necessário e essencial para sobreviver.

• O pão – diz o texto grego – *"emòn"*, "de nós", nosso, *"ton epioùsion"*.

O que quer dizer "o pão *ton epioùsion*" ninguém o sabe.

É um termo grego cujo significado ainda não foi plenamente esclarecido; ocorre apenas nesta passagem da Escritura e em um papiro antigo, onde também não se sabe ao certo o que significa – talvez diga respeito ao alimento em geral, à porção a ser consumida cotidianamente. Por outro lado, as versões antigas, que vão em todos os sentidos, também confirmam que a palavra é de difícil interpretação.

Uma versão da *Vetus latina* traduzia "de cada dia" como traduzimos nós hoje; porém, não se saberia justificar essa escolha. A *Vulgata* de São Jerônimo traduz como "*supersubstancial*", que significa o pão celestial, o pão da Eucaristia ou o pão do amor infinito do Pai, o pão da vida eterna.

Uma versão siríaca traduziu como "perpétuo" para também indicar algo que não diz respeito apenas ao hoje, mas ao pão que nos é dado no hoje para a eternidade. Outra versão siríaca fala de "necessário".

A tradução saídica também é interessante: "Que vem", o pão que vem; talvez seja a tradução gramatical mais exata, que melhor traduz o significado do verbo grego. Em outra tradução copta encontramos "de amanhã", o pão de amanhã; para dizer que quem trabalha durante a jornada já obteve o pão de hoje e, recebendo o salário à noite, pode comprar o pão de amanhã.

No entanto, ninguém sabe exatamente qual versão é a melhor. A versão da Conferência Episcopal Italiana, assim como outras versões, optou pelo termo "cotidiano", "de cada dia", e nós nos mantemos nessa escolha que, em todo o caso, tem sua lógica.

• Por fim, notamos que, se a petição no texto de Mateus soa: *ton àrton emòn ton epioùsion dos emìn sémeron*, "o pão nosso cotidiano dai-nos hoje", é um pouco diferente a petição no Evangelho de Lucas, que expressa o mesmo conteúdo com outras formas verbais: *ton àrton emòn ton epioùsion dìdou emìn to kath'eméran*, "o pão nosso cotidiano continua a dar-nos, aquele de cada dia". Lucas parece um pouco mais previdente, pois não pede apenas o pão de hoje, mas o pão que é dado a cada dia.

Quem reza assim?

Podemos aprofundar a reflexão perguntando quem é o sujeito que expressa o pedido, a quem se adequa bem.

• Alguns exegetas, especialmente aqueles que interpretam o pai-nosso como a oração que Jesus entrega aos *discípulos itinerantes*, os discípulos que ele envia em missão sem alforje e sem dinheiro (cf. Lc 10,4), acreditam que é válida sobretudo para eles. Deixaram tudo, não têm nada e pedem a cada dia com a confiança de que o Pai Celestial lhes dará o que eles precisam para sobreviver, para poder pregar o Evangelho hoje, sem se preocupar com o amanhã. A petição supõe uma extrema pobreza e uma extrema confiança.

Certamente essa é uma interpretação mais radical.

• Obviamente, essa petição, inserida nos Evangelhos, adapta-se também a outras situações. Assim é, por exemplo, em relação à situação do *discípulo* em geral, não simplesmente o discípulo itinerante que sai por aí sem provisões, mas de todo discípulo que decidiu seguir Jesus e não conta, de todo modo, com suas riquezas nem tem tantas pretensões; não quer enriquecer, não quer grandes seguranças, pede somente uma ajuda para o dia a dia.

• A terceira situação que podemos vislumbrar por trás da solicitação é a da *pessoa que sabe que é frágil*, fraca, vive na precariedade e, por isso mesmo, confia no Pai. É uma bela oração de confiança: o vosso Pai sabe que tendes necessidade de todas essas coisas. O vosso Pai cuida das aves do céu, dos lírios do campo, ele também cuidará de vós (cf. Mt 6,25 ss.).

Nesse sentido, o pedido do pão corresponde um pouco à espiritualidade que transparece do livro dos Provérbios, por exemplo em 30,7-9: *"Peço-te duas coisas, não m'as recuses antes que eu morra: afasta de mim a falsidade e a mentira e não me dês nem pobreza nem riqueza, mas concede-me apenas o pão que me é necessário, para que, na fartura, eu não te renegue; e não blasfeme dizendo: 'Quem é o Senhor?'"* – eu basto a mim mesmo – *"ou que, na penúria, me ponha a roubar e profane o nome do meu Deus"*.

Lemos algo semelhante no Provérbio do capítulo 27, que pode servir bem como um comentário sobre o pedido do pão no painosso: *"Não te gabes do dia de amanhã, pois não sabes nem mesmo o que poderá gerar o hoje"* (Pr 27,1-2). Em outras palavras: seja feliz com o hoje, contente-se com o que o Senhor dá a você hoje, o amanhã pensará a si mesmo. Esta é a espiritualidade que o inesquecível Papa João XXIII chamou de uma "pobreza contente", própria de quem não espera muito, está satisfeito com o que tem e pede ao Senhor para providenciar o necessário. De modo que não deva se desesperar, mas, ao mesmo tempo, que não se enriqueça para não cair nas tentações e no perigo.

Até agora, consideramos três situações progressivamente mais perto da nossa: a primeira é a precariedade dos discípulos itinerantes que não possuem nada; a segunda é a situação própria do discípulo que decidiu seguir Jesus e não quer contar com suas riquezas nem tem grandes pretensões; a terceira diz respeito à pessoa em geral que se confia completamente a Deus sabendo que as riquezas não são suficientes para defendê-la nem da doença, nem da morte, nem da desgraça.

• Enfatizo uma quarta situação que provavelmente está subjacente ao pedido do pão: é a dos *fiéis que anseiam pelo pão que é*

Jesus, pelo pão eterno, pelo pão da plenitude, e o pedem desde hoje. Aqui nos remetemos ao que já foi dito sobre a tradução de *epioùsion* como "supersubstancial", o pão da vida eterna.

É uma situação que podemos ler claramente expressa no capítulo 6 do Evangelho de João: "*Jesus lhes respondeu: 'Em verdade, em verdade, vos digo: não foi Moisés quem vos deu o pão do céu; meu Pai é quem vos dá o verdadeiro pão do céu; porque o pão de Deus é o que desce do céu e dá vida ao mundo'. Eles então pediram: 'Senhor, dai-nos sempre desse pão!'. Jesus lhes disse: 'Eu sou o pão da vida. Quem vem a mim não terá mais fome, e quem crê em mim nunca mais terá sede'*" (Jo 6,32-35).

E essas palavras são retomadas no mesmo discurso: "*Eu sou o pão da vida. Os vossos pais comeram o maná no deserto e, apesar disso, morreram. Este é o pão que desce do céu, para que não morra quem dele comer. Eu sou o pão vivo que desceu do céu. Quem comer deste pão viverá eternamente. E o pão que eu darei é a minha carne, entregue pela vida do mundo*" (Jo 6,48-51).

Se lermos os comentários dos Padres sobre esses textos, perceberemos que eles variam muito de um para outro em seus diferentes significados. Creio que também a nós é lícito fazer isso, pedindo pelas nossas necessidade cotidianas, confiando-nos ao Pai como filhos e pedindo o pão eucarístico.

O pedido "o pão nosso de cada dia nos dai hoje" tem contornos muito amplos e cada um pode dar-lhe o significado que o Espírito lhe sugere. De todo modo, é um pedido que vai à substância das coisas e, consequentemente, em determinado ponto, àquela substância que é Jesus.

Humildade, confiança filial, solidariedade

Quais são as atitudes obrigatórias que tal oração sugere como atitudes evangélicas?
Eu destaco cinco.

- Certamente é uma oração de pessoas modestas, não de pessoas ricas. Ela sugere que nos *contentemos com o que é necessário*, para não querer muito, para não querer ter tudo, para dar graças pelo que é dado.
- A segunda atitude é de grande *confiança filial* no Pai. Vem à mente uma belíssima tradução dessa atitude, a famosa oração de Foucauld:

> "Meu Pai,
> eu me abandono em ti,
> faz de mim
> o que quiseres.
> Não importa o que faças de mim,
> eu te agradeço.
> Estou pronto para tudo,
> eu aceito tudo.
> Desde que tua vontade se realize em mim,
> em todas as tuas criaturas,
> eu não desejo nada mais, meu Deus.
> Eu coloco minha alma em tuas mãos,
> eu a dou a ti, meu Deus,
> com todo o amor que tenho em meu coração,
> pois eu te amo
> e porque tenho necessidade de amor, de doar-me,
> de colocar-me em tuas mãos, sem medida,
> com infinita confiança,
> pois tu és meu Pai."

É uma entrega total ao Pai, para o hoje e para o amanhã, para a vida e para a morte.
- A terceira atitude é a de *solidariedade*. Tenhamos em mente que o pedido é feito no plural: "o pão *nosso* de cada dia *nos dai* hoje". Por isso, desperta a nossa solidariedade, a atenção pelos pobres, por quem não tem o pão de cada dia, pelos povos que sofrem fome. Parece-me que a partir dessa oração pode nascer um movimento

por justiça, para fazer de modo que todos tenham pelo menos o necessário para sobreviver.

• A quarta atitude à qual somos convidados é a que encontramos fortemente expressa no Sermão da Montanha. Nós já a mencionamos, mas eu a retomarei, porque muitas vezes nos esquecemos disso. E muitas vezes eu digo a mim mesmo: eu realmente acredito nas palavras do Sermão da Montanha e as vivo? Eu realmente as tornei minhas?

Refiro-me à passagem de Mateus 6,25-34: *"Por isso, eu vos digo: não estejais preocupados em relação à vossa vida, com o que haveis de comer ou beber; nem em relação ao vosso corpo, com o que haveis de vestir. Porventura, não vale a vida mais que o alimento, e o corpo mais que a roupa? Olhai as aves que voam no céu: não semeiam, não colhem, nem guardam em celeiros. No entanto, o vosso Pai celeste as alimenta. Acaso não valeis mais do que elas? Quem de vós pode, com sua preocupação, acrescentar uma só hora à duração de sua vida? E por que ficar tão preocupados com a roupa? Olhai como crescem os lírios do campo. Não trabalham, nem fiam. No entanto, eu vos digo, nem Salomão, em toda a sua glória, jamais se vestiu como um só dentre eles. Ora, se Deus veste assim a erva do campo, que hoje está aí e amanhã será lançada ao forno, não fará ele muito mais por vós, gente de pouca fé?"*. Frequentemente eu me reconheço nessa gente de pouca fé, muito preocupada com aquilo que é preciso fazer, saber, dizer, ter. *"Portanto, não vivais preocupados, dizendo: 'Que vamos comer? Que vamos beber? Como nos vamos vestir?'. Os pagãos é que vivem procurando todas essas coisas. Vosso Pai que está nos céus sabe que precisais de tudo isso. Buscai em primeiro lugar o reino de Deus e a sua justiça, e todas essas coisas vos serão dadas por acréscimo. Portanto, não vos preocupeis com o dia de amanhã, pois o dia de amanhã terá sua própria preocupação! A cada dia bastam as suas penas"*.

Palavras de ouro. Todavia, não nos lembramos delas, porque estamos tão preocupados, ansiosos e necessitados de programas seguros, palpáveis, que nada deixamos para a Providência. Quando então a Providência nos surpreende com eventos inesperados, como um infortúnio ou uma doença inesperada, percebemos que confiamos demais em nós mesmos.

Somos, por essa razão, convocados a verificar nossa capacidade de nos confiarmos ao Pai, superando as preocupações e o medo em relação ao amanhã.

• A última atitude deriva da interpretação do "pão" como pão eucarístico: é a *confiança na Eucaristia*, nosso pão cotidiano, é a *confiança na Palavra de Deus*, com a qual nos alimentamos a cada dia. Esse alimento possui o poder de nos sustentar, de nos confortar, de nos confirmar, de nos tornar perseverantes. Não seríamos capazes de fazer isso sozinhos; mas o pão eucarístico, o pão da Palavra, pedido humildemente na oração, nos preserva nas tentações e nos dá aquela perseverança que é capaz de responder às promessas de Deus.

Conclusão

Teria sido bom ter tempo para fazer uma leitura concisa, juntos, do pai-nosso, lendo em seus pedidos a Paixão de Jesus, a sua glória e ressurreição, e a Trindade. Em minha opinião, este seria o ponto conclusivo.

A Trindade está presente porque *invocamos o Pai que está "no céu"*, onde está o começo do fogo do amor que se espalha pelo mundo, da torrente de dedicação e Amor que é o Mistério Trinitário: o Pai gera o Filho no Espírito Santo.

A Trindade está presente porque *atua em Jesus*. Ele é aquele que por excelência *santifica o nome do Pai*, ele é o santo, o consagrado, o enviado ao mundo, aquele que *"segundo o Espírito de santidade foi constituído Filho de Deus com poder, desde a ressurreição dos mortos"* (Rm 1,4); aquele que também santifica a si próprio para nós, para que então sejamos santificados na verdade.

Jesus *é o reino*, que vem em sua pregação, nos milagres, em sua paixão e em sua glória. Em tudo isso ele *realiza perfeitamente a vontade do Pai*, que é seu alimento. "É em virtude desta vontade que somos santificados pela oferenda do corpo de Jesus Cristo, realizada uma vez por todas" (Hb 10,10), mas presente em toda *Eucaristia*, no *pão de cada dia* no qual se doa invencivelmente a nós o Mistério do Filho, do Pai e do Espírito.

Na força do Espírito, Jesus *perdoa os pecados*. "Recebei o Espírito Santo. A quem perdoardes os pecados, lhes serão perdoados; a quem os retiverdes, lhes serão retidos" (Jo 20,22-23) – aquele Espírito que nos defende nas tentações, "convencendo o mundo em relação ao pecado, à justiça e ao julgamento" (Jo 16,8).

E somente pela força do Espírito Santo Jesus nos *livra do mal*.

Deixo a vocês o aprofundamento dessa leitura sintética. Santo Inácio escreve que quem propõe meditações oferece apenas alguns estímulos sobre os quais os praticantes devem então trabalhar, mesmo após a conclusão dos exercícios, relembrando todas as riquezas da Palavra de Deus.

Nessa Palavra, que nos ilumina os passos, permaneçamos unidos, e a ela confio todos vocês, porque toda a nossa resistência tem o poder de nos santificar e de nos fazer viver como Jesus.

Edições Loyola

editoração impressão acabamento

Rua 1822 n° 341 – Ipiranga
04216-000 São Paulo, SP
T 55 11 3385 8500/8501, 2063 4275
www.loyola.com.br